U0463099

歇尔·福柯

——挣脱自我的哲学尝试

[日] 慎改康之 著

叶晨阳 译

长江出版传媒 崇文书局

图书在版编目（CIP）数据

米歇尔·福柯：一种挣脱自我的哲学尝试／（日）慎改康之著；叶晨阳译. -- 武汉：崇文书局，2025.5. -- ISBN 978-7-5403-8160-8

Ⅰ. B565.59

中国国家版本馆 CIP 数据核字第 2025F42P09 号

MICHEL FOUCAULT : JIKO KARA NUKEDASU TAME NO TETSUGAKU
by Yasuyuki Shinkai
© 2019 by Yasuyuki Shinkai
Originally published in 2019 by Iwanami Shoten, Publishers, Tokyo.
This Simplified Chinese edition published 2025
by Chongwen Publishing House Co., Ltd., Wuhan
by arrangement with Iwanami Shoten, Publishers, Tokyo

米歇尔·福柯
MIXIE'ER FUKE

出 版 人　韩　敏
出　　品　崇文书局人文学术编辑部·我思
特邀编辑　李堂芳
责任编辑　许　双（xushuang997@126.com）
封面设计　书与设计工作室
责任校对　侯似虎
出版发行　长江出版传媒 ▏崇 文 书 局
地　　址　武汉市雄楚大街 268 号 C 座 11 层
电　　话　（027）87679712　邮政编码　430070
印　　刷　湖北新华印务有限公司
开　　本　880mm×1230mm　1/32
印　　张　6.875
字　　数　109 千
版　　次　2025 年 5 月第 1 版
印　　次　2025 年 5 月第 1 次印刷
定　　价　58.00 元

（读者服务电话：027—87679738）

序章　为了不再拥有自己的面孔而写作

福柯是谁

在考虑是否要阅读米歇尔·福柯（Michel Foucault）的读者的脑海中，最先浮现的或许是"福柯是何许人也"这个问题。

初看上去，这是一个很好回答的问题。毕竟，这位与吉尔·德勒兹（Gilles Deleuze）、雅克·德里达（Jacques Derrida）一同引领 20 世纪后半叶法国思想风潮的哲学家，同时更是一位有着无可比拟的鲜明特征的人物。

他以其标志性的光头、金属框眼镜和高亢的嗓音让人印象深刻。他受教于巴黎高等师范学院（École normale supérieure）、任教于法兰西公学院（Collège de France）的学术履历光彩夺目。他以过人的精力投身于示威活动，发表街头演讲，甚至曾经因此身陷囹圄。他的私生活——性取向伴随的苦难与欢乐，对麻醉药物的使用，乃至于他与艾滋病的斗争——也都成了人们津津乐道的话题。而围绕着"知识""权力"和"与自我的关系"这三条清晰的主线，从历史视角出发，对疯狂、疾病、语言、生命、劳动、刑罚、性态（sexualité）等问题进行分析的一连串作品也同样脍炙人口。正是因为福柯有着太多令人能够轻易识别、定位的特征，所以，我们很可能会认为，鲜少有哲学家的肖像能够如福柯那样被轻松绘制。

但是，当我们真正将注意力投向福柯的所言所写时，呈现在我们眼前的，却是他不断逃离这种识别的尝试与渴望，是他与这种定位对抗的姿态。我们可以看到，他曾经隐姓埋名参与过访谈（DE，n°285）[①]，也曾匿名编写哲学家辞典中与自己相关的条目（DE，n°345），甚至还曾谈及过，希望能够有法律禁止同一个著者名被第二次使用，这样便能彻底切断作者和作品之间的关系（DE，n°357）。而在1969年的作品《知识考古学》（*L'archéologie du savoir*）中，他很清楚地表达了他的这种渴望与姿态。"不止一人像我这样，写作是为了不再拥有自己的面孔。不要问我是谁，也别要求我一成不变"（AS：29，中：22）。

我们究竟应该如何理解福柯这种抗拒自己之所是被决

---

① 本书引用著作书名缩写对照，请参见文后"术语表"。

定，同时避免自己一成不变的姿态与渴望呢？从他关于"好奇心"与"哲学"的发言中，我们可以发现回答这一问题的线索。

挣脱自我

在前文提到的匿名访谈中，福柯如此谈及"好奇心"与"哲学"：好奇心乃是一种冲动，这种冲动驱使我们摆脱那些我们已然熟悉的事物，并以另一种方式来看待相同事物；而哲学则是以不同方式去思考，去做别的事，去成为不同于我们之所是的另一种人的工作（DE，n°285）。在1984年的作品《性史》（*Histoire de la sexualité*）第二卷《快感的享用》（*L'usage des plaisirs*）的"导言"中，福柯再次谈到了这个问题，并进行了如下表述。在他看来，"好奇心"乃是"使挣脱自我成为可能"的东西，是询问我们自己是否能够"以我们不曾想过和看过的方式去想，去感知"的东西。而如今具有价值的"哲学活动"，则正是"思想的自我批判"。哲学，作为一种在思想中的"苦修"（ascèse），作为一种"自我锻炼"（exercice de soi），其任务"不是去正当化我们已经知道的，而是去探索我们如何，以及在什么程度上能够用另一种方式思考"

（UP：16，中：6-7）。

实际上，从自我之中抽身离去，并不断探索全新思考方式的努力，贯穿福柯整个研究生涯。这种努力，在他的作品中，以如下的双重方式表现出来。

一方面，福柯以一种公开明确的方式，将他的历史研究呈现为对那些我们通常认为不证自明的问题的重新追问。疯狂是如何被定义为精神疾病的？解剖尸体是如何成为医学中的本质任务的？"人是什么"这一问题为什么会被当作是最重要的问题？监禁是如何成为现如今最普遍的刑罚制度的？我们必须从性压抑中解放出来这一主张、性欲的秘密诉说着我们自身的秘密这一假说是如何产生的？总之，福柯这种哲学性的历史研究的任务就在于，一边通过回溯历史，指出那些如今被我们视作理所当然的事物在历史上实际并非现在这样，一边探求新的思考方式。

另一方面，福柯这种挣脱自我的姿态，也在他的作品中以不同的面貌不断地呈现出来。福柯的写作活动起自 20世纪 50 年代，从 60 年代的"考古学"研究到 70 年代的权力分析，再到 80 年代对自我技术（technique de soi）的分析，其主线历经多次转变。在他对各种不同研究领域的涉足与关切之中，我们也可以发现福柯不断试图改变自身的渴望。实际上，在《快感的享用》中，福柯之所以谈到"好奇心"和"哲学"，正是为了解释他是基于什么动机而对《性史》的研究方向进行了根本性调整。相较于继续停留在自己熟悉的领域，福柯更愿意不断冒险踏足崭新的领域，并由此探索思考新问题的新方法。这样一种行事风格，无疑正是一种"福柯式姿态"。

在通过追问历史进而反思现在（actualité）的过程中，福柯也在尽力以不同的方式追问历史。这正是福柯那受到"好奇心"引导的"哲学活动"。而本书的目标，正是为了使读者能够看到，福柯在其研究生涯中是如何将那些自明之物问题化（problématiser）的，而他的研究主线与研究内容又是如何不断变化的。为此，我们将依照时代顺序梳理他的主要作品，并按照如下结构推进我们的考察。

本书结构

首先，我们将福柯在 60 年代进行的"考古学"研究视作他从过去的思考视野中脱身而出的过程。我们将在前四章中，分别以《古典时代疯狂史》（*Histoire de la folie à l'âge classique*）、《临床医学的诞生》（*Naissance de la* clinique)、《词与物》(*Les mots et les choses*)、《知识考古学》(*L'archéologie du savoir*)为考察中心。

其次,我们将在明确 70 年代对"权力"的研究与 60 年代以"知识"为核心的研究之间关系的基础上,具体辨析福柯在这个阶段所从事的工作。五、六两章将分别以《规训与惩罚》(*Surveiller et punir*)[①] 和《性史》第一卷《认知的意志》(*La volonté de savoir*)为中心讨论。

最终,我们将在第七章考察 80 年代的福柯。福柯关于性态的研究计划为什么会发生转变?而这种转变又为福柯的研究开辟了哪些新的领域?我们将围绕《性史》的其他几卷,以及法兰西公学院讲座来考察上述的问题。

福柯做了什么?

因此,本书试图提出的问题,并不是"福柯是谁",而是"福柯做了什么"。为了能从自我之中抽身而出,并以新的方式重新进行思考,他所从事的究竟是一种什么样的哲学活动?而在这种活动、这种探究中,究竟有什么是

---

① 此作法语原名意为"监视与惩罚",中文版从英文版书名作《规训与惩罚》(*Discipline and Punish*,这一书名来自福柯本人的建议)。因为中文版译名已广为流传,故遵循通译,仍作《规训与惩罚》。——译注

值得我们去学习的？相较于描绘这位为了不再拥有自己的面孔而写作的哲学家的肖像，或许尝试回应上述这些问题，才更能帮助那些希望"入门"福柯的读者。

目　　录

第一章　人类学圈环

——《古典时代疯狂史》与福柯的诞生

　　福柯的历史研究的一大特征乃是通过追问历史来重新思考那些对现在的我们而言理所当然的事物。这种研究的起点，则是其于 1961 年提交给索邦（Sorbonne）① 的博士论文《古典时代疯狂史》。

　　而在此之前的 50 年代，福柯其实已经发表了数份文本。但是，从这些文本中，我们看到的却是一种与"福柯式"历史研究截然不同的研究风格。它们和 60 年代以后的作品之间呈现出了明显的分歧。因此，这些文本，或许可以被视作构成福柯研究活动史前史的文本。而从这些"史前史"文本中抽离，并宣告了全新的研究起点的，正是《古典时代疯狂史》。总之，这部 1961 年的"首作"，标示着福柯挣脱自我的最初契机，甚至可以说是最根本的

———————

① 即当时的巴黎大学（Universite de Paris）。——译注

契机。

因此，在第一章中，为了能够描绘出福柯式历史研究的起点，以及使这种历史研究成为可能的挣脱自我的姿态，我们将遵照如下顺序进行考察。首先，我们将概览50年代的"前福柯"文本，进而确定在这些文本中，福柯提出了什么样的问题、进行了什么样的研究。接下来，我们将围绕着《古典时代疯狂史》和另一份他1961年的文本，来讨论他是如何开展他的历史研究的。并且，我们将从中看到，福柯是如何与过去的自我相背离的。

1. 心理学与人类学——"前福柯"文本

心理学家福柯

在讨论50年代的文本，并确定其与1961年的作品之间的分歧前，我们有必要首先指出，福柯是以心理学家的身份开启他的职业生涯的。

福柯生于1926年，直到第二次世界大战结束为止，都一直住在法国西部城市普瓦捷（Poitiers）。1946年，他考上了以培育顶级研究者为目的的精英院校——巴黎高等师范学院。1948年，从索邦获得哲学学士学位后，福柯又于翌年获得了心理学学士学位。此后，他又获得了数个心理学相关的学位，并自 1951 年起在高师成为心理学的辅导教师（répétiteur），而后又于 1952 年成为里尔大学（Université de Lille）心理学助理。在度过了五年的海外时光返回法国后，福柯于 1960 年至 1966 年间，任教于克莱蒙费朗大学（Université de Clermont-Ferrand）[①]。在这里，他所负责的科目也是心理学。

　　实际上，我们在福柯 50 年代的文本群中所看到的，正是他以心理学家的身份致力的研究。而这些研究与 60 年代起的"福柯式"历史研究截然不同。那么，在这些研究中，福柯将什么视作为问题，又是如何开展他的研究的呢？为了探明这些问题，接下来，我们将围绕发表于 1954 年的两篇较长文本进行讨论。其一乃是福柯为路德维希·宾斯万格（Ludwig Binswanger）的《梦与实存》[②]（*Traum und Existenz*）的法语译本所写的导言，其二则是福柯为学生读者群体所写的《精神疾病与人格》（*Mala-*

---

　　① 今克莱蒙奥弗涅大学（Université Clermont Auvergne）。——译注
　　② 为在中文中加以区分，我们将 être 译作"存在"，将 existence 译作"实存"。不过，对于 existentialisme，则遵从通行译法，仍作"存在主义"。——译注

die mentale et personnalité）这部小书。

梦与实存

首先，我们将简单介绍这篇写给《梦与实存》的导言（DE，n°1）。

宾斯万格是瑞士精神病理学家。他受海德格尔哲学的影响，提出了"此在分析"（Daseinsanalyse）并因此闻名。而为了将宾斯万格的这本关于梦的小书介绍到法国，福柯在帮助老友——精神医学专家雅克琳·维尔多（Jacqueline Verdeaux）翻译这本书的同时，还为此书写了一篇比正文还长的导言。

在这篇导言的开篇处，福柯就明确指出，自己随后所要进行的分析，将会以人类这一与自然之中其他存在具有根本区别的存在作为专门的分析对象。在此，福柯分析的立足点乃是作为"在世存在"（In-der-Welt-sein）的人类"实存"这一现象学乃至存在主义的概念。我们可以看到，此时在福柯脑海里的无疑是人所特有的双重存在样式——人在作为一个客体被抛入世界的同时，也将自己作为一个主体投入世界。

在这篇导言中，福柯正是试图通过对梦的分析来对人进行这样一种人类学考察。同宾斯万格一样，福柯首先注意到，梦是某种可以被称作"属己世界"（monde propre）的东西。换言之，梦在具备作为一个世界的形式的同时，对于主体而言，也是其最固有的东西。从这一点出发，梦的经验以一种深刻的方式表达出了人的实存。换言之，梦同时彰显出主体的自由与世界的必然。因此，面对完全自由的人类主体将自己投入一个由必然性支配的世界这一实存的"原初运动"（mouvement originaire），福柯认为，我们能够从梦中发现解读这一运动的线索。

那么，我们应该使用什么方法来解读拥有这一价值的梦呢？在与精神分析式释梦法的对比中，福柯展示了自己的人类学式释梦法。

从人在意识清醒时讲述的显性梦境（manifester Trauminhalt）出发，精神分析通过归纳法重构这些内容的潜在意义。福柯对这种方法提出了异议。他认为，从内部构成梦境意义的表达（Ausdruck/expression），与从外部指示这一意义的指号（Anzeichen/indice），在根本上是两个不同的东西，因此我们必须对二者有所区分。

在此，福柯清楚表明，必须意识到"表达"与"指号"之间的现象学差异。在《逻辑研究》（*Logische Un-*

tersuchungen）中，埃德蒙德·胡塞尔（Edmund Husserl）提到，我们必须严格区分"表达"与"指号"这两个概念。前者乃是自身具有意义的符号；后者则自身并无意义，只是一些指示某事物，从而使意识能够确信或者推测某事物存在的符号。基于二者间的"本质区别"，福柯强调，为了能揭露梦的"原初含义"，我们必须找到一种，既有别于由外至内的归纳式研究，而又能阐明梦的形成机制的新方法。

既然梦是我们只有在睡眠中才能经验到的东西，并且总会在清醒时逃离我们的意识，那么，我们应该用什么样的方法才能稳妥地把握这种由内至外的表达活动呢？既然无论是什么形式的梦的分析，都只能从显性梦境出发进行，那么，我们所寻求的新方法，便既要能够立足于显性梦境这一唯一线索，同时还能揭露梦的真正意义。这种方法既是一种不同于归纳方法的指号分析法，也是一种"使表达在其自身的丰沛（plénitude）中得以恢复的解释方法"（DE，n°1）。

因此，这种解释计划的关键点就在于，尝试着将意识清醒时任其溜走了的梦的原初含义带回到意识之中。在此我们可以看到，此时的福柯，试图从"丧失"（perte）这一否定性契机出发来寻求对它的超越。而写给《梦与实存》的这篇序言，以及《精神疾病与人格》，正是在此互相交错。在同样发表于1954年的《精神疾病与人格》中，福柯对精神疾病展开了考察。在这本书中，福柯所探寻的，正是找回业已失去之物的方法。并且，在这两份文本中，我们都可以观察到以否定性契机为起点展开的辩证法运动，以及这一辩证法运动对福柯思路所起到的引导作用。接下来，就让我们通过考察《精神疾病与人格》，来把握福柯所进行的分析。

异化与摆脱异化

《精神疾病与人格》是福柯受高师时代的恩师路易·阿尔都塞（Louis Althusser）的委托而执笔的作品。为了寻求思考并克服精神疾病的手段，福柯在这本小书的第一部分里，首先考察了精神疾病所具备的心理学要素，随后，在第二部分中，他尝试着将其与现实社会中各种矛盾经验结合起来。

首先，在第一部分中，福柯将"退行"（régression）、"防卫"（défense）、"疾病世界"（monde pathologique）作为把握精神疾病机制的关键要素。"退行"指的是个体在疾病中退回心理发展的早期阶段的情况。换言之，在这个状态中，病人乃是回归孩童状态的大人。其次，"防卫"则是人无法适应现状时启动的自我保护。基于这种自我保护，"退行"所描述的从现在逃回过去的情况就发生了。最终，"疾病世界"则是一个矛盾统一的世界。其矛盾统一性在于，这个世界只对个体自身而言是开放的，但个体在其中也放弃了自身。虽然所有人都具备"防卫"机制，但是，只要意味着被彻底的孤独与彻底的客体性所支配的"疾病世界"在个体之中形成，那么"防卫"机制便会引起精神疾病。

在描述了精神疾病的这三种心理学要素后，福柯提出，有必要讨论这些心理学要素的外部客观性条件。换言之，如果人是因身陷"疾病世界"而成为病人，那么，我们就需要联系现实社会的否定性经验，来考察这样一种世界的形成原理。福柯在第二部分所进行的正是这样一种考察。他指出了如下三点。首先，"退行"过程的发生与一种历史事实相关。社会在成人的生活与孩童的生活之间设定了远超必要的距离。其次，正是因为现实社会中人类实际上相互处于如帝国主义或阶级斗争所示的这种竞争或剥削的敌对关系之中，所以"防卫"机制才会发挥作用。最后，个体沉沦于"疾病世界"之中乃是现代人的生存现状——人们在一个由冰冷的机械论理性支配的社会中失去了自发性并臣服于各种现实束缚之中——所派生的副产物。精神疾病的起源在于现实社会中的各种矛盾。而当人无法克服、超越这些矛盾所引发的纠葛时，人就成为精神病人。总之，精神疾病的经验与"人失去了自己身上最具人性的部分"（MMPer：83）这一状况相关联。所以，在福柯看来，为了克服精神疾病，我们有必要去寻回业已失去的"人性的部分"并使人摆脱异化（désaliénation）。

人类学思想

为了解读人类实存的原初运动，我们需要试着把握不断从意识之中逃离的梦的真正含义，而为了克服精神疾病，我们则需要寻回在现实社会中失去了的人性。综上所述，我们应该去恢复那些，人身上业已失去了的关于人自己的东西。通过审视这两份"前福柯时代"文本中的主张，我们可以清晰地看到，这一阶段，福柯在思想上还处于当时法国的主流思潮之中。

一方面，福柯仍旧以人类主体作为思考的绝对出发点，并将思考人类实存作为自己的任务。正如前文所示，这无疑指向的是让-保罗·萨特（Jean-Paul Sartre）所提倡的那种存在主义。萨特的思想在第二次世界大战前后以无可比拟之威势君临整个法国思想界。在他的存在主义中，人类的那种用任何手段都无法事先决定的存在方式被定义为"实存"，而"实存"作为一种人类主体的全面自由则成为"一切价值的基础"（EH：82，中：31）。

而另一方面，现实社会中的异化及其克服这一思想主题，则是来源于 50 年代在法国被普遍接受的对马克思主义的人道主义式解读。在其看来，马克思最核心的观点在于，人在充斥着欺骗的资产阶级社会中遭到异化，因而必须重新夺回自己在这种社会中失去了的人性。

以主体性、意识、异化与摆脱异化为特征的这种人道主义或者说人类学思想（pensée anthropologique），虽然在当时席卷了整个法国，但是之后却很快从人们的视野中退去。萨特式存在主义乃至主体性哲学，在结构主义（structuralisme）这一新兴思潮的冲击下，最终失去了吸引力。而针对这样一种将异化论视作马克思思想核心主题的解读方式，阿尔都塞（正是他委托福柯写下了《精神疾病与人格》）则在《马克思主义和人道主义》一文中指出，这一主题仅在马克思的前期作品中占据支配地位，但是随后便被马克思自己抛弃了（PM：259-84，中：215-40）。

在时代的巨变当中，福柯也开始投身于崭新的研究。1961 年出版的《古典时代疯狂史》，不仅开创了通过回溯历史将自明之物问题化这一"福柯式"研究，同时也是这种研究方法最初的成果。

2. 理性、疯狂、疾病——《古典时代疯狂史》

新问题

促成福柯动笔写作《古典时代疯狂史》的，主要是他于 1955 年至 1958 年间在瑞典乌普萨拉（Uppsala）担任法国文化馆馆长的经历。在这段时期，福柯基本上每天都会去藏有大量医学史文献的乌普萨拉大学（Uppsala University）图书馆。当他离开乌普萨拉时，《古典时代疯狂史》的原稿已经基本完成。随后，在波兰华沙、德国汉堡的法国文化机构从事了同样的工作之后，1960 年福柯回到了法国。1961 年，随着这一作品的出版，福柯也在索邦完成了他的公开答辩，并获得了博士学位。

和《精神疾病与人格》一样，《古典时代疯狂史》所讨论的也是精神疾病与历史以及社会之间的关系。但是，在这部作品中，福柯以一种完全有别于 1954 年的视角，对这一问题展开了全新的分析。相较于过去作品中的那种在社会中探寻精神疾病诱因的做法，福柯在 1961 年的这部作品中，首先提出了在西方社会中疯狂与理性是如何被分隔开的，以及疯狂为何会被还原为疾病这一单一形象这两个问题。随后，在这两个问题的指引下，福柯着重关注了被其称作"古典时代"（l'âge classique）的 17 至 18 世纪的监禁制度的创立和变迁，并试图找到问题的回答。

理性与疯狂

首先是疯狂与理性的分隔这一问题。据福柯所言，17 世纪以后，西方社会中的疯狂与理性才以决定性的方式互相分离。而在此之前，理性在面对疯狂时，总是被"或许我才是神志不清的那一个"这样一种怀疑所缠绕。至于理性最终彻底摆脱疯狂对自己的这种威胁，福柯以勒内·笛卡尔（René Descartes）的《第一哲学沉思录》（*Méditations métaphysiques*）中对疯狂的论述作为证据。

福柯注意到，笛卡尔在其"方法论怀疑"（doute méthodique）中，以一种很不平衡的方式来处理梦与疯狂。为了能够触及绝对无可怀疑之物，笛卡尔在他的沉思中，将一切哪怕稍有可疑之处的东西都视作虚假。并且，在这种沉思中，笛卡尔也充分假设了自己是在梦境中的可能性，但是，他却从最初就排除了自己发疯的可能性（HF：56-8，中：145-8）。

16 世纪的法国思想家米歇尔·德·蒙田（Michel de Montaigne）曾说过，最疯狂的行为乃是毫不怀疑地坚信自己的理性。在蒙田看来，这种行为无异于认为自己的能力可与上帝匹敌，而世上没有比这更愚蠢的错觉了（第 26 章"凭个体浅见判断真伪，那是狂妄"，LE：139，中：163）。与蒙田相对，在笛卡尔那里，疯狂产生的那种扰动理性的威胁已然消失——在方法论怀疑的过程中，疯狂的威胁被彻底排除到了一边，故而在理性沉思的主体中，疯狂就已经事先被置于理性之外了。

那么，理性究竟是如何获得笛卡尔哲学中所展现出来的那种信任的呢？曾经不断威胁着理性的疯狂，又为何会被视作与理性毫不相干的东西而遭到放逐呢？相较于使用理性主义的进步等旧框架来回答这些问题，福柯尝试通过标定、分析 17 世纪西方社会中发生的一起具体事件来寻求答案。在福柯看来，这一使得理性排除非理性的契机，正是整个欧洲范围内的监禁机构的创立。

监禁制度的创立

在福柯看来，从 16 世纪到 17 世纪初，疯狂还是一种日常生活中时不时会遭遇的现象。当时，那些被视作疯人的人基本上享有自由并能够徘徊于各地。

但是，自 17 世纪中期起，情况则发生了变化。疯人们连同穷人、乞丐、性病患者、败家子们一道被收容进了当时大规模出现的监禁机构之中。福柯指出，这些对于我们而言非常杂乱的人群，其实是根据非常明确的标准被收容在一起的。在当时，会成为收容对象的，都是一些对正在形成的资本主义社会产生扰乱的人——是那些无法参与到财富的生产、流通与积累环节的人，是那些无力从事劳动的人。这些人因被视为罪恶的范本而遭到了监禁。自称理性的社会通过各种具体措施，将这些被视作他者的对象从社会中排除，从而切断了疯狂与理性之间的交流。于是，首先在现实的社会空间中，理性与疯狂之间的这种分隔便开始形成。由此，福柯将笛卡尔作品之中所呈现出的，坚信理性战胜疯狂的信念，置于监禁制度的发展这一历史事件之中来加以理解。

但是，17 世纪的监禁机构，到了 18 世纪中叶，则因为政治、经济原因渐渐走向解体，被关在里面的人也逐步得到了解放。但在这些人当中，只有疯人因为仍旧被视作对家庭和社会有危害的人，而继续遭到关押。而社会对疯狂的定位，也在这个时期再次发生了新的重大变化——收容机构成为精神病院，而疯人也随之成为病人。

疯狂与疾病

将精神医学的历史归因为科学进步或者人性胜利的人，总喜欢谈论 18 世纪末对疯人的解放。他们认为，18 世纪末以前，疯人总是被不加区别地关进由杂乱的人群所组成的空间中，但是如今，他们终于从这样混乱的认知之中被解放了出来，并作为病人得到了人道的对待。

但是，在福柯看来，实际上发生的事情却截然相反。恰恰是疯人以外的所有人都被解放了，而只剩下疯人单独占据了整个监禁空间。在监禁制度从形成到解体的历史演变中，福柯发现了曾经被多种方式经验到的疯狂最终被还原成精神疾病这一单一形象的肇因。

首先，伴随着监禁空间成为疯人的专用场所，"收容进监禁空间"这一行为，便开始同时具有"揭开疯狂的秘密"与"治疗疯狂"这样的医学价值。其次，"疯人丧失自由"这一原先是因监禁而产生的后果，如今却被视作疯狂的本质。在这种状况下，疯狂被定义为主体自发性的丧失。换言之，疯狂就是指主体沦为了一个纯粹客体的现象。最终，虽然疯狂过去被认为无法与身体状态相分离，但是，因为其在监禁制度中一度被视作一种罪恶，而后，它被专门视作一种道德缺陷，换言之，疯狂就是人类心智内部的一种混乱状态。

总而言之，在监禁空间的重构过程中，疯狂被医学化、客体化/对象化、内在化。福柯指出，在经过了这一系列变化后，疯狂将自己作为一种可以被客观把握的精神疾病呈现出来。

不过，在《古典时代疯狂史》中，福柯并不打算仅仅从制度变化的角度来说明疯狂是如何被全方位定义为疾病的历史过程。在讨论了这种监禁空间的重构及其后果之后，福柯指出，围绕着疯狂的这种新的思考方式，实际上是以知识领域中"隐藏着的某种协调一致"为其依据的。而这种被揭示出来的一致性，正是"人类学思想"的一致性（HF：541，中：798）。换言之，此时，福柯已经开始将 50 年代自己所立足的思想视界（horizon）当作一个必须被检讨的问题加以把握。接下来，让我们来看一看，1961 年的福柯是如何重新把握这一"人类学思想"的。

3. 疯狂与人之真理——人类学的问题化

人类学预设

正如我们已经看到的，在福柯看来，疯狂在 18 世纪末，不仅被折叠进了人类的内面空间中，同时也开始作为一个客体暴露在人们的目光之中。以此为基础，福柯指出，这样一种疯狂对于人类主体的认识而言，发挥着特定的作用。疯狂被视作促成人类主体性将自身置入客观认识之中的最初契机，并且有助于将人的内在真理引导至外部。因为，"由人走到真正的人，疯人乃是必经之道"（HF：544，中：803）。

不过，正如福柯所展现的那样，疯狂之所以会被降低到纯粹客体的地位，其原因在于，疯狂的本质被构想为是人类天生的主体性的丧失。因此，"由人走到真正的人，疯人乃是必经之道"这句话的含义就是，只有当人失去了自己真正的样子，进而沦为与自己无关的某物时，人类真理才第一次成为可以接近的某种东西。人的"真实的存在"，"却只有通过异化的形式，才能呈现在人面前"。"疯狂中的人显得像是另一个和他自己不同的人；然而，就在这个他异性（altérité）中，人也揭露出了其自身的真理"（HF：547-8，中：807-9）。因此，当人们试图把握这种真理时，实际上也是在试图恢复某些业已失去之物——当人们试图取道疯狂以抵达"真正的人"时，首先采取的往往是"摆脱异化"这一形式。

很显然，上述福柯试图借助对疯狂与人类真理的关系的分析去揭示的思考模式，正是我们在他50年代的人类学研究中看到的那种思考模式。实际上，《古典时代疯狂史》指出，疯狂之所以自19世纪以来能够产生促进人类认识的效果，乃是因其立足于一条人类学预设。这一预设形成于18世纪末左右，其内容乃是"人类存在（être humain）并不以其与真理的某种关系为其特征，但是，人类存在却持有一个既呈现又隐藏的真理，好像这个真理是其专有的事物"（HF：548-9，中：809-10）。人确实拥有属于自己的某种真理，但是这个真理对于人自身而言却总是时隐时现。正是基于这一预设，我们在对人进行探索时，才会将恢复业已失去之物设定为最根本的目标，同时也正是因为这一预设，我们才将疯狂理解为最有利于达成这一目标的道具。简而言之，福柯在《古典时代疯狂史》中，将自己曾经接受的人类学思想置入历史语境之中，由此重新将其转化为必须被问题化的对象。

不过，尽管《古典时代疯狂史》揭示了人类学思想的预设及其历史性，但是并未触及这种人类学思想是如何形成的。直到 1966 年，福柯才在《词与物》中，正面处理了人类学思想及目标是如何在历史之中登场的这一问题。

但是，在 1961 年的另一份文本中，福柯以一种比较粗略的方式，在某种程度上先行勾勒了 1966 年作品的轮廓。这份文本乃是福柯为伊曼努尔·康德（Immanuel Kant）的《实用人类学》（*Anthropologie in pragmatischer Hinsicht*）一书的法语译本所撰写的导言。"康德的《人类学》导言"（Introduction à l'anthropologie de Kant，以下简称"导言"）乃是福柯博士学位副论文的一部分，随《古典时代疯狂史》于 1961 年被提交给了索邦。虽然这一文本最初并未计划出版，不过最终也于 2008 年问世。在这份文本中，福柯一方面分析了批判哲学与围绕着人所展开的反思之间的关系，另一方面则在康德之后的西方哲学领域中追踪着人类学问题如何获得绝对特权的过程。

有限性的烙印

福柯在"导言"中指出了康德以后的西方哲学陷入其中的一个幻相。这一幻相正是由康德所揭露的，从"先验幻相"（illusion transcendantale）中派生出来的"人类学幻相"（illusion anthropologique）（AK：77）。

康德通过批判哲学指出，我们所能认识的，只有作为感性直观之对象的"现象"。而"物自体"虽然是将"现象"给予我们的原因，但是其本身却绝非我们所能认识的。因此，那些试图超越我们的界限，进而接近"物自体"的尝试，都被康德视作"先验幻相"，即与认识的可能性条件相关的错觉，并加以批判。但与此同时，康德也指出，这种幻相的产生对于我们而言也总是一种必然。

根据福柯的解释，康德发现的这种必然性，之后逐渐被人们解释为"有限性的种种具体烙印之一"。被康德视作对于认识而言不可避免的"自然"（naturel）之物，经由"词义转换"（glissement de sens），最终被重新理解为有限之人的"本性"（nature）。换言之，正是人的这种"本性"，促使人试图超越自己的认识界限，在自己身上寻求那些外在于自己有限的认识能力的真理。这种不断从人手中逃脱，却又不断将人呼唤到自己跟前的真理，逐渐变成了关于人自身的真理。这种先验幻相，既作为人的"本性"，不断地被回收到人的内部，同时也作为"真理之真理"而被赋予了价值（AK：77）。

人类学幻相

在此，作为先验幻相的"镜像"，另外一种幻相出现了。这种"人类学幻相"之所以诞生，其原因在于，当我们要解释这种已经成为"真理之真理"的先验幻相时，我们将被施以一种"反思性退行"（régression réflexive）。它试图在被打上烙印的人类有限性中寻求对"真理之真理"的说明（AK：77-8）。

正是因为在人与真理结成关系时，有限性被认为位于这种关系的基础之中，所以，有限性便成为问题的核心所在。换言之，人们开始寻求、探索一种根本有限性——这种有限性存在于那些有限经验的背后，并且是这种有限经验的条件。如果说，先验幻相指的是探求那些无法在客体之中被认识的东西的企图，那么，人类学幻相则是这种企图在主体中的产物。由此看来，问题的关键就在于这种探求虽然已经超出了经验的界限，但是仍然在主体经验追问基础时被不断重复。福柯指出，西方哲学在从与客体的关系这一问题中解放出来以后，又径直陷入了主体性这一问题之中。在紧随"先验幻相"产生的"人类学幻相"中，围绕着人的有限性产生出了漫无止境的发问，而这些发问，更是被人们不知疲倦地重复着（AK：78）。

将人类存在称作"此在"（Dasein），并对其展开深刻分析的著名哲学家马丁·海德格尔（Martin Heidegger），亦曾指出批判哲学与人类学考察之间的深刻关系。他以一种尤其肯定的方式来把握这种关系。在《康德与形而上学疑难》（*Kant und das Problem der Metaphysik*）中，海德格尔将从批判哲学向人类学的转变视作必然的同时，也将这种对人的根本有限性的问题化视作康德哲学的"真正成果"而赋予价值。换言之，"我能知道什么""我应该做什么""我可以希望什么"这三个分别在《纯粹理性批判》（*Kritik der reinen Vernunft*）、《实践理性批判》（*Kritik der praktischen Vernunft*）与《判断力批判》（*Kritik der Urteilskraft*）中提出的问题，都是基于人类理性对自己的有限性的关注。也正是在这种关注中，这三个问题——如康德自己在《逻辑学讲义》（*Logik：Ein Handbuch zu Vorlesungen*）中提到的那样——都与"人是什么"这一问题相关联（KPM：205-8，中：222-5）。

福柯在其去世前的最后一次访谈中曾谈及，在他形成自己的哲学的过程中，海德格尔的作品曾经发挥过决定性的重要作用（DE，n°354）。从这个角度看，1961年这篇康德研究，可以说从根本上对海德格尔的观点提出了反对意见。在福柯看来，围绕着有限性这一主题产生的各种人类学问题，与其说是批判哲学的必然结果，不如说只是一种幻相的产物罢了。换言之，福柯认为，人类学问题实际上只是那些被康德的批判禁止了的冲动的产物——这些冲动以不恰当的方式进入到主体中，并由此重新获得价值。

当《词与物》出版时，福柯已经不认为围绕着人类存在的根本有限性产生的各种问题，仅仅与康德及其以后的哲学相关，更是与西方的认识论布局整体相联系。对于讨论"人的出现"与"人类学沉睡"（sommeil an-thropologique）的《词与物》而言，虽然此时福柯对康德的研究仅仅触及人类学思想的历史形成，但却完全可以说是其开端之作。

总之，50年代的福柯，乃是以恢复人类主体失去的那些属人之物为其工作重心。这种工作同时也是一种人类学研究。与此相对，《古典时代疯狂史》则通过分析疯狂经验的历史变化，揭露了近代以来对疯狂的看法与人类学思想之间存在的某种共犯关系。而"导言"则在哲学史语境中，考察了人类学思想的形成过程。1961 年的这两份文本，清晰地为我们展示了福柯是如何通过对历史的反思来将他曾经的思想视界问题化，进而从中脱离的姿态。

但是，福柯对自我的挣脱，并没有只因为这一次决定性的努力就得到成功。1961 年的福柯虽然已经努力与那些试图赋予人类存在以绝对特权的研究路径保持距离，但是，在他的研究中我们依然能够看到这种人类学思想的残留物。那么，这种残留物究竟是什么呢？福柯在此后的研究中，又将如何清除这些残余呢？

第二章　不可见的可见性

——《临床医学的诞生》与脱离自我的过程

《古典时代疯狂史》在 1961 年出版之初，其实并没有获得很大的反响。直到后来，伴随着"反精神医学"（anti-psychiatry）的浪潮，这部著作才在社会运动中重新获得了广泛的评价。

但是，当时仍有几位批评家与研究者很快便对福柯的这部作品表现出了极大的关心。一方面，莫里斯·布朗肖（Maurice Blanchot）、罗兰·巴特（Roland Barthes）、米歇尔·塞尔（Michel Serres）、费尔南·布罗代尔（Fernand Braudel）等人，都为这部作品写下了善意的文字。而另一方面，德里达则试图对福柯的分析展开根本性的批判。德里达在高师时代曾是福柯的学生。在 1963 年的演讲"我思与疯狂史"（Cogito et histoire de la folie，收录于《书写与差异》）中（福柯也出席了），德里达对《古典时代疯狂史》这部作品成立的可能性提出了根本质疑。

其实，在未来的福柯眼中，这部完成于1961年的作品确实蕴含着诸多问题。例如，在1969年的《知识考古学》中，针对此前自己对疯狂的看法，福柯进行了自我批判。而这一自我批判的重点，则集中于《古典时代疯狂史》的初版序言。因此，当1972年《古典时代疯狂史》再版时，福柯将这一篇序言删去了。

在自我反思与批判过程中，福柯认为，《古典时代疯狂史》的问题正在于构成他50年代研究特征的那种思维方式。他承认，在他围绕疯狂展开的历史研究中，仍旧存在着某些属于人类学思想的，因而需要批判的东西。因此，福柯对自我的挣脱，并没有在1961年的作品中彻底完成，相反，这一挣脱，将会在未来不断反复进行。

而在这种自我挣脱的过程中，格外需要引起我们注意的，乃是1963年出版的《临床医学的诞生》。在这部考察医学史的作品中，我们可以看到福柯与其1961年作品之间虽然细微，但是根本的转变。换言之，1963年的作品，在福柯的自我挣脱中，实际上构成了一个极为重要的环节。因此，在本章中，我们将在展现《古典时代疯狂史》中人类学思想的残留物后，转而考察1963年的两部文本：《临床医学的诞生》与《雷蒙·鲁塞尔》（*Raymond Rous-*

sel)。我们希望借此看清福柯究竟是如何与这种人类学思想的残留物相诀别的。

1. 被异化的疯狂——人类学思想的残留

疯狂本身

首先，让我们看一看福柯在 1969 年出版的《知识考古学》中的自我批判。在未来的福柯看来，《古典时代疯狂史》究竟蕴含着什么样的困难呢？

在《知识考古学》这部尝试对自身的历史研究方法论进行说明的作品中，福柯在谈到对疯狂的"考古学"研究时，强调这种研究并非要去重构"疯狂本身（folie elle-même）可能是什么"。也就是说，"考古学"的方法，并不是事先预设一个先于理性话语的，原始且隐秘的疯狂经验，然后再试图重构这种经验（AS：64，中：58）。福柯在注释中提到，他在《古典时代疯狂史》中，特别是在序言中多次明确表达过的主题，其实与自己此处的论点是相悖的。实际上，在这篇后来被福柯删去的序言中，福柯如是描述自己的研究："这不是一部精神医学的历史，而是疯狂本身的历史，是疯狂在被知识捕获之前，还拥有着属于自身的勃勃生气时的历史"（DE，n°4）。换言之，我们在这里确实能够看到，福柯在《古典时代疯狂史》中，一边设想存在一种属于疯狂的"野生状态"，又一边试图接近这种野生状态。

沉默的考古学

前文提及的德里达的福柯批判，其着眼点就在于此。德里达在 1963 年的演讲中，实际上就是在"书写疯狂本身的历史"这一层意义上，来论述《古典时代疯狂史》这一作品的"不可能性"。

据德里达所言，"书写疯狂本身的历史"这一计划，不是使用精神医学或者心理学的话语来论述疯狂，而是尝试着让"疯狂本身"开口说话。但是，既然我们已经拒绝让理性的话语来发表"对"（sur）疯狂的言说，那么，为了倾听"疯狂本身"的言说，我们应该怎么做呢？根据福柯的看法，18 世纪末以来，疯狂已经被理性贬抑到了客体地位，并且被理性夺去了自身的语言。那么，疯狂的这种沉默，实际上构成了作为"理性对疯狂的独白"的"精神医学的语言"的基础。因而在他看来，书写"疯狂本身"的历史就意味着赋予这种沉默以语言，意味着去追求一种

"沉默的考古学"（archéologie d'un silence）（ED：56-7，中：57-8）。

但是在德里达看来，屏退"理性的独白"，进而将语言还给疯狂这一《古典时代疯狂史》的尝试，实际上从一开始就是不可能的。因为，即使这确实是一部关于疯狂被理性捕获之前的历史，可一旦我们试图书写某种历史时，我们总是站在理性这一方，总是使用着理性的语言。换言之，被认为已经放逐了疯狂的理性，如果说我们可以从它的语言中获得完全的解放，那么此时，我们自身也将陷入沉默，或者说，留待我们的另一条道路，便是与疯狂一起被放逐（ED：57-8，中：58-9）。

在谈到了书写疯狂的历史这一行为自身的问题之后，德里达转而开始分析福柯的笛卡尔解释。如前所述，福柯在书中，将笛卡尔在方法论怀疑中对疯狂的排除视作西方社会理性与疯狂的分隔标志。面对这一主张，德里达将其概括为"福柯全部方案的意义"并加以颠覆（ED：52，中：53）。针对德里达对自己的笛卡尔解释的批判，福柯在1972年《古典时代疯狂史》再版时，作为补充附上了一篇小论文《我的身体，这纸，这火》（Mon corps, ce papier, ce feu）。在这篇论文中，福柯进行了回应。但是，针对德里达的另一点批判，即对书写"疯狂本身"的历史之企图的批判，福柯没有进行积极回应，而仅仅是在1972年再版《古典时代疯狂史》时，通过删去初版的序言这样一种非常消极的方式给予了回应。正如《知识考古学》中福柯所进行的自我批判所示，让"疯狂本身"说话，对于彼时的福柯而言，确实也已经是一个难以接受的方案了。

疯狂的异化

如果要问，放弃对"疯狂本身"的追求给福柯带来了什么，那么，答案乃是，福柯由此再次与他所归属的思想视界相疏远。实际上，我们从《古典时代疯狂史》的初版序言屡屡出现的假设与计划中，可以看到50年代福柯的人类学研究的特征。这一假设认为，存在某种不断躲过客观把握之物。而这一计划则试图以某种方法重新把握此物。诚然，1961年的《古典时代疯狂史》确实揭示了18世纪以来，人们基于某一在历史中形成的公设，试图从"人类真理迷失于疯狂之中"这一否定性经验来把握人类真理的做法。可问题在于，虽然福柯将人类主体视作具有特权的研究对象这一思路问题化了，但是，通过他对"疯狂本身"的描述，即将"疯狂本身"视作一种不断逃离肯定性认知的本质①，我们仍旧可以看到，福柯仍未摆脱那种试图去寻回业已失去之物的辩证法思路。

这样一种人类学思想的残留物，不仅见诸被删除的序言之中，亦可见于《古典时代疯狂史》的正文。当福柯在监禁空间的历史变化中，分析投向疯狂的客观目光的形成过程时，他曾说过，"疯狂成为客体，而这对它自身来说，反而是一种异化"（HF：463，中：697）。在此时的福柯看来，被实证主义心理学或精神医学捕捉为对象的疯狂总是已经异化了的疯狂而已。因此，人们的工作就必须是使疯狂摆脱异化，从而恢复"疯狂本身"。总之，在《古典时代疯狂史》中，丧失与恢复的辩证法，以及促成这一辩证法的否定性契机，依旧是被认为是有价值的。

悲剧结构

为了能够更明确地把握问题的关键，现在让我们再次将注意力转移到《古典时代疯狂史》的初版序言。

---

① 福柯经常同时使用的"positif"一词因为具有多重语义（"实证的""肯定的""积极的"），而我们无法找到一个能同时表达这些内容的中文词，因此只能根据语境采取不同译法。还请读者在阅读时不要忘记这一词语的多重含义。　　译注

在表达了自己的计划乃是进行"沉默的考古学"之后，福柯谈到了一种对立。这种对立贯穿于整个理性和非理性之间的历史。而自己追溯这一对立起源的工作，则正是一种尼采式追问。这种追问，换言之，就是在历史诞生之处，发现文化是如何一边创造出各种对其自身而言乃是外部的事物，一边将这些事物加以排除的。福柯试图通过尼采在《悲剧的诞生》（*Die Geburt der Tragödie*）中描绘的"悲剧结构"（structure tragique）来理解这种文化运动。尼采的"悲剧结构"指的是由阿波罗式的梦境或者假象与狄奥尼索斯式的迷醉或者苦恼之间的对立与和解组成的结构。福柯将围绕着疯狂展开的历史研究，视作"在一种伟大的尼采式研究的阳光之下，让历史的各种辩证法与悲剧的各种不变结构相对峙"的工作，并认为其价值就在于此（DE，n°4）。

《悲剧的诞生》在后来的尼采眼中也是一部亟待自我批判的作品。福柯多年的好友德勒兹，就曾在其 1962 年的作品《尼采与哲学》（*Nietzsche et la philosophie*）中强调，《悲剧的诞生》确实是一部"前尼采"的作品。在尼采的这部处女作中，"矛盾与矛盾的解决仍然作为根本原则发挥着重要作用"。而未来成为尼采哲学特征的"绝对的反辩证法"（anti-dialectique absolue），此时则尚未形成（NP：12，223，中：23，415）。福柯在《古典时代疯狂史》中，一面颂扬着"否定"的力量①，一面从早期的尼采中汲取灵感。换言之，对 1961 年的福柯而言，重要的乃是掩藏于阿波罗光芒下的狄奥尼索斯。此后，正如尼采在他的处女作中，嗅到了黑格尔主义的恶臭，因而与这部作品拉开了距离一般，福柯也在未来的作品中，与这种诉诸否定性契机的行为相疏远。

除了福柯及其友人们的种种佐证以外，我们还能从他的作品中清楚地感受到他对尼采的倾心。谱系学或对历史的追问、对认识以及真理的问题化、上帝之死以及包含在这一主题中的人之死、对权力以及意志的研究、希腊式生命（生活）与基督教式生命（生活）的对比等等，除了这些我们可以清楚看到的主题上的影响外，福柯的这种挣脱辩证法的姿态，也正是对尼采哲学之路的追随。对于尼采

───────────

　　① 此处的"否定"，以及在他处可见的"肯定"，原文分别为"ネガティブなもの"（le négatif）与"ポジティブなもの"（le positif）。与后文中的"可见物"等概念一样，均为形容词作抽象名词使用，但如果采取与"可见物"一样的方式译作"肯定物""否定物"则过于奇怪，因此除个别处基于语境作其他调整以外，这一对概念文本均加引号表示为"肯定"与"否定"。——译注

而言，狄奥尼索斯形象在其早期作品中，是作为阿波罗的辩证法式对立的另一极出现的，但是此后，这一形象被整合进了查拉图斯特拉这一与辩证法式否定相对抗的形象中。与之类似，福柯也经历了从在"肯定"的背后寻求"否定"，到通过一种新的实证主义（positivisme）将前一阶段的工作问题化的阶段①。

那么，这种转变是如何发生的呢？究竟是什么促使福柯摆脱"否定"的诱惑，并最终放弃寻找业已失去之物的任务呢？

回答这一问题的线索隐藏在 1963 年出版的《临床医

---

① 在后文第四章"幸福的实证主义"中，作者会对这一术语展开进一步解释。在此，需要提醒的是，作者为了强调此处实证主义（positivisme）所包含的福柯特征，使用的乃是这一术语的片假名表达"ポジティヴィスム"，以此来强烈区别福柯的实证主义和一般意义上的实证主义之间的差别。与前文出现的"positif"一样，这一概念因其多义性，很难用一个词来完整表达。我们在此仍旧遵循通译，并在此基础上做出"福柯式实证主义"和"一般意义上的实证主义"这样的区分。但是，正如作者此后不断指出的那样，福柯是在与"否定"的关系之中展开自己的工作，并不断试图消除"否定"的优先级，因此，福柯在此所主张的"positivisme"诚然在某些角度上与"实证"是有相似乃至交错的（例如试图对诸价值采取一种中立的态度），但实际上"肯定"的语感更强。"肯定主义"这一译语怪异而少见，因此，虽然繁琐且可能引起误会，但是我们仍旧选择"实证主义"这一既定译语，只是加以限定。——译注

学的诞生》之中。福柯在书中围绕着近代医学的诞生展开
了种种历史分析。在这些分析中，福柯将"肯定"与"否
定"的关系，重新把握为一种在历史中形成的关系。换言
之，在这部作品中，福柯不再试图寻回业已失去之物，取
而代之的，则是去考察究竟是什么使得这种在"肯定"背
后寻求"否定"的计划会出现于历史之中。

2. 近代医学的形成——《临床医学的诞生》

医学目光的考古学

　　对于《临床医学的诞生》一书（其副标题为《医学目
光的考古学》），福柯将其视作《古典时代疯狂史》一书
的"边角料"。实际上，这部作品中的许多材料确实曾在
1961 年的作品中被使用过，同时，这部作品看上去似乎也
只是将研究领域从对疯狂的考察拓展到了对身体疾病的考
察而已。这部作品自出版以来，实际上并没有引起过非常
巨大的反响，甚至可以说是福柯主要作品中最不受关注的
作品。那么，福柯是如何在这部作品中展现其挣脱自我的
过程的呢？接下来，就让我们带着这个问题意识，一起考
察福柯在这部作品中围绕着医学史所展开的分析。

从临床医学到病理解剖学

《临床医学的诞生》一书试图探明的，乃是西方实证医学在 18 世纪末的形成过程。

一般而言，人们会从"回归身体"这一视角来解释近代医学的形成。在这种解释里，直接投射向病人身体的目光，虽然自古以来便在医学中作为一种具有本质意义的工具，但是直到 18 世纪末才重新获得其根本性的效力。正是因为这种重生，医学上才有了从疾病分类学向实证医学转变的可能。前者试图在先于知觉的空间中寻求疾病的真理，而后者则是以客观观察为其基础。

尽管福柯一定程度上认同这一解释，但是仍旧对其提出了异议。在他看来，实际上，诞生于临床医学之后的病理解剖学，才真正在医学史中产生了决定性的转折作用。换言之，我们如今所熟悉的近代医学，并不仅仅是通过重新直接观察病人的身体就能够形成——只有当对身体内部的探索成为医学本质且必要的任务时，我们所熟悉的近代医学才有可能诞生。

那么，这样一种新的任务是如何产生的呢？福柯指出，其重要契机在于疾病的定义与死亡概念发生了演变。

表层与深层、生与死

根据《临床医学的诞生》中的说法，对于当时的临床医学而言，疾病仅仅是症状（symptôme）的集合而已。换言之，只有在身体表面被观察到的症状，以及这些症状的发展本身才会被视作疾病。因此，当时的临床医学的任务就是观察这些在目视所及的表层中发生的现象，并将这些现象如其所"示"的那样记录下来。对于处在这种疾病观中的临床医学而言，剖开尸体，将目光投射进身体内部这样一种解剖学活动实际上是非必要的。在这种情况下，临床医学的目光只关注那些活着的身体，以及发生在这些身体上的随时间发展的现象，而对非时间性的尸体及其内部空间则并不在意。

另一方面，围绕着死亡概念，福柯指出，当时的人们将死亡视作给生命与疾病带来绝对终结的东西。同时，他们也认为，死亡通过与疾病现象一样的方式，对身体产生破坏。因此，人们认为自己是不可能判断那些留在尸体中的痕迹究竟是产生于疾病还是产生于死亡的。换言之，在时人看来，尸体因为其内部混杂着死亡与疾病，所以总是在欺骗着临床医生的目光。

只有上述提及的对于疾病与死亡的看法发生了根本性的革新，才有可能使尸体解剖在医学中获得根本意义上的重要性。因此，福柯指出，正是因为如下的双重变化，病理解剖学才有可能登场。

一方面，人们开始认为，随时间顺序产生的症状的变化，实际上是由人体内部那些可以被标定的"病变"（lésion）所引发的次生效果。换言之，在身体表面被观察到的症状，此时开始不再被认为是疾病本身，而被认为是在身体深处发生的事件引起的现象。从此以后，能够在尸体的内部空间中被定位的具体某物，开始被称作"原发灶"（foyer primitif），被视作症状产生的起点（NC：142，中：156）。

而另一方面，在生命内部发生的、不间断的"死化"（mortification）过程，也开始被视作有别于疾病进程的另一种过程（NC：144，中：158）。人们不再将死亡视作唯一且绝对的瞬间，而是将其视作分散在生命进程中的某种东西。死亡不再是来自生命外部的某种出人意料的袭击，而是分布于生命内部的，与生命具有某种内在联系的东西。从此以后，人们的生死观发生了转变，死亡被认为在一开始就寄寓于生命的根基处，而生命则被认为是对死亡之抵抗的整体。于是，死亡也开始成为讲述生命之真理的一种视角。对于那些试图以尸体为媒介，通过实证手段对疾病进行分析的医生而言，死亡为他们的实证研究赋予了另一种正当性。

正是因为对疾病与死亡的看法发生了这样根本性的转变，医学才被赋予了新的任务。"只有病变才能解释症状"和"生命被死亡所支撑"这样的想法共同驱使着医生们剖开了尸体，并在其中寻找疾病的部位。由此，对医学而言，病理解剖学才在根本上成为必要的任务。而医学也最终获得了作为一种实证研究的地位。

在上述两种使得近代医学成为可能的变化中，我们首先想关注的乃是对疾病的看法及其转变。因为，正是在对当时的人们试图在身体内部空间中寻求疾病的秘密这一情况的分析中，我们可以看到福柯是如何将"丧失"与"寻回"构成的辩证法图式问题化的——换言之，我们可以看到福柯那不断试图挣脱过去的自己的姿态。

3. 无止境的任务——挣脱的决定性契机

不可见的可见性

随着人们开始认为疾病的真理寓居于"病变"之中，医学目光也必须开始从那些位于身体表面的可见物（le visible）拓展到隐藏于深层（profondeur）的不可见物（l'invisible）。福柯指出，我们不应该将这种转变单纯视作科学发现的产物。医学之所以会开始承担起这项新任务，并不是因为随着医学理论和技术的发展，人们终于可以看到迄今为止在疾病中一直以不可见状态存在着的东西。而是因为，当医生们还仅仅是把疾病视作身体表面浮现出来的东西时，他们便只满足于观察、诉说那些直接呈现在自己眼前的东西。换言之，对于临床医学的目光而言，疾病的一切，都仅仅汇聚于身体的表层，只有这些能够通过眼睛直接看到的东西才是疾病。因而，在疾病的内侧并没有什么将自己隐藏起来的东西。

因此，尽管此前并不存在什么不可见物，但是，当不可见物在历史中被视作支撑起可见物的内在骨骼建构起来后，医学目光便由此开始从表层向深层拓展。此后，可见物与不可见物之间形成了新的关系，而新的可见性结构也在这种关系中形成。福柯将这种结构称作"不可见的可见性"（l'invisible visibilité）（NC：169，中：186）。在这种结构中，真理被设想为一种必然逃脱目光注视，但是同时又不断呼唤目光注视的东西。真理的本性因而被设想为逃脱注视的同时呼唤注视，自我隐藏的同时自我开示。福柯指出，正是因为可见性的形态与真理的存在方式之间的关系在历史中发生了变化，从表层到深层的拓展、从可见物到不可见物的拓展这样的任务才开始在探求医学真理的过程中变得可能且必要。

除了《临床医学的诞生》以外，我们同样可以在福柯1963 年出版的另一部作品中，看到他对可见物与不可见物之间关系的论述。这部作品，便是福柯献给以具有奇思异想的作品和巧妙写作手法而闻名于世的作家雷蒙·鲁塞尔的作品：《雷蒙·鲁塞尔》。

暴露与隐蔽

在 60 年代的福柯作品中，文学占据了一个格外显眼的重要地位。在他的主要作品中，让·拉辛（Jean Racine）、德尼·狄德罗（Denis Diderot）、米格尔·德·

塞万提斯（Miguel de Cervantes）以及萨德侯爵（Marquis de Sade）等经典作家屡次被提及。与此同时，他还留下大量对以布朗肖、乔治·巴塔耶（Georges Bataille）、皮埃尔·克洛索夫斯基（Pierre Klossowski）为代表的同时代作家的评论。

在这些作家中，福柯却只为鲁塞尔一人写过完整的一本书。在这本于福柯作品集里占据特殊地位的《雷蒙·鲁塞尔》中，福柯着重注意并处理的文本，乃是鲁塞尔死后的 1935 年出版的《我是如何写出我的一些书的》（*Comment j'ai écrit certains de mes livres*）。

在这本书中，鲁塞尔阐明了自己在创作一些作品时所使用到的独特"手法"。尽管他举出自己作品中的几个例子并解释了它们的创作方式，但是，恰恰是因为这样的举动，鲁塞尔在读者脑海中埋下了，他或许在其他地方也有同样的秘密的想法。进一步而言，鲁塞尔通过提示这种"手法"只与"一些书"相关，制造了一种悬念——除了这些书以外的其他书，是否隐藏着其他的手法呢？秘密的揭示，乃是在迄今为止秘密不存在的地方制造秘密。在迄今为止对于读者而言完全可见的文本内部，不可见性悄然产生。一项无尽的任务就此诞生——人们开始从可见物出发，无止境地去探寻不可见物。

我们可以看到，福柯在《雷蒙·鲁塞尔》中阐述了一种可见性与不可见性的关系变化（由鲁塞尔于其死后在读者之中引发）。而这种关系变化与他在《临床医学的诞生》的医学史研究中所揭示的变化是一样的。一方面，福柯通过历史分析，将作为支撑可见物之骨架的不可见物的形成理解为一个历史事件，而另一方面，他也在对文学作品里暴露与隐蔽的关系的讨论中，将其标定出来。

"否定"的力量

那么，福柯是如何通过 1963 年的这些作品来清除《古典时代疯狂史》中人类学思想残余的呢？

正如我们已经看到的，在《古典时代疯狂史》的初版序言中，福柯表明，自己打算书写"疯狂本身"的历史（DE，n°4）。在这种尝试中，福柯预设了在通过实证方法获得的有关疯狂的知识的内侧，存在着某种不断逃脱这种知识的捕捉但是同时又支撑起这种知识的东西。当福柯在1963年谈到不可见物是如何产生出来时，他追问的其实正是"肯定"必然需要"否定"作为其支撑这一预设。此时，福柯不再将不可见物视作永远缠绕在可见物周边并支撑着可见物的某种东西，而是视作只有在可见物存在时，才会产生于可见物内侧的一种效果。曾经使福柯魂牵梦绕的"否定"，以及"否定"所具有的根本性的力量，在他1963年的作品中已然失效了。

正如前文所述，福柯的这种变化与尼采对辩证法的废弃是相通的。不过，为了能够更好地理解福柯对可见物与不可见物的分析，我们想将他的分析与莫里斯·梅洛-庞蒂（Maurice Merleau-Ponty）对可见物与不可见物所做的分析进行一个对比。

梅洛-庞蒂在巴黎高师曾担任过心理学的辅导教师，并且后来成为巴黎大学的心理学教授。学生时代的福柯曾经倾心于他的思想。他曾经对可见物与不可见物的关系进行过深刻考察。这些考察收录于他死后出版的《可见的与不可见的》（Le visible et l'invisible）之中。在这本书中，"肯定"与"否定"之间呈现出硬币的正反面般的紧密重合的关系。梅洛-庞蒂将这种结构称为"垂直性"（verticalité），并视之为最根本的本体论结构。如前所述，可见物是由不可见物所奠定的。与此同时，梅洛-庞蒂还认为，不可见物或者说"否定"，相较于可见物或者说"肯定"，具有优先性。换言之，"不可穷尽的深层之表层"（superficie d'une profondeur inépuisable）正是"可见物本身"的特征。而与之相对，不可见物则是可见物显现与隐蔽的"内在框架"（armature intérieure），是可见物的"反面，可见物的潜能（puissance）"（VI：186，188 note，193；中：177，179 注，184）。

将不可见物视作可见物的"内在框架"乃至"潜能"，并且将"垂直性"视作某种根本性的状态——梅洛-庞蒂的这一思路正是福柯自己曾经接受的思路。但是，他也在1963年的作品中，将这一思路彻底地加以问题化。

当人们认为不可见物以及"否定"拥有着对可见物以及"肯定"进行构成的力量时，人们实际上希望借由后者出发抵达前者。50年代至《古典时代疯狂史》这一时期，福柯也是如此希企的。而与此相对，《临床医学的诞生》以及《雷蒙·鲁塞尔》这两部作品则将这种希望描绘成一种来自可见性形态的要求——而这种可见性形态本身是在历史之中形成的。福柯不再将可见物与不可见物之间的关系以及"肯定"与"否定"之间的关系视作一种原初关系，而是将它们视为需要追问的问题。就这样，试图抓住那些从目光中逃走之物的辩证法任务，试图重新找到在实证研究中丧失之物的辩证法任务，也就失去了它们的起点。

事物的晦暗核心

在此，我们可能会产生如下疑问，我们应该直接在哲学层面上理解、把握福柯关于医学或文学的论述吗？

确实，《雷蒙·鲁塞尔》完全是一部处理文学作品中暴露与隐蔽之游戏的作品，而《临床医学的诞生》中围绕医学展开的历史分析，也是专门分析身体这一可感空间中深层与表层的关系。换言之，福柯对不可见物的形成过程的分析，似乎可以被认为只是在处理鲁塞尔的文学话语中的秘密，或者只是在处理单纯作为历史事实的可见性的问题。

但是，我们不应该认为福柯的考察止步于此。实际上，在《临床医学的诞生》的序言中，福柯就提醒读者，他对于可见物和不可见物关系的考察，实际上也是一种哲学考察。也就是说，福柯指出，可见物与不可见物之间的关系是"对一切具体知识而言必不可少的关系"（NC：VIII，中：4)，而正是因为这种关系在 18 世纪末发生了变化，才会有新的知识任务诞生。

根据福柯的说法，在 17 到 18 世纪的西方，人们认为，只有在光之中，事物才会与其本性相符合，而"看"这一行为，总是需要在光之中消去其自身，才算完成。可是，到了 18 世纪末，事物、目光以及光之间的关系发生了根本性的扭转。自此以后，事物开始藏身于其自身的晦暗之中，而光的功能则转移到了目光之中。不再是光，而是目光，开始凭借自身的光明覆盖事物，进而承担起一点点地进入事物内部，驱散"事物之夜"的功能。当真理退入"事物之夜"的深邃与幽暗之中，经验目光（regard empirique）便获得了至高的伟力。面对着那些试图逃避目光注视，同时又呼唤着目光注视的"客体的那种逼人注意、不可穿透的厚度（épaisseur）"（NC：X，中：6），目光尝试着穿透它们，控制它们。总之，尽管福柯在《临床医学的诞生》正文之中采用了医学史的形式来讨论这些问题，但是通过序言我们可以知道，他实际上把它们视作与西方的知识整体相挂钩的问题。

因此，我们可以从 1963 年的作品中看到，福柯对可见物与不可见物之间关系的分析，正是以他过去的理论视界为对象。他指出，"逃离了目光注视的东西中，隐藏着目光注视到了的东西的秘密"这一设想之所以能够形成，实际上乃是基于某一可以在历史中被确定与把握的思想结构。在指出这一点之后，福柯也正式放弃寻回这些不断逃离之物的"无止境的任务"（NC：Ⅹ，中：6）。

《古典时代疯狂史》在试图接近"疯狂本身"的过程中，完好无缺地保留了以人类学思想为其特征的辩证法图式。目前，这一图式在《临床医学的诞生》以及《雷蒙·鲁塞尔》中从根本上被问题化了。换言之，通过这些作品，福柯指出，激发人们去寻回业已失去之物的"否定"的力量，实际上并非原初的力量，而是在历史中被建构而成的。通过深化对可见物与不可见物关系的考察，1963年的福柯，迈出了其在挣脱自我的过程中最关键的一步。

在将自己过去拥有的人类学思想问题化后，福柯明确追问道：这种思想视界究竟是如何形成的呢？"肯定"与"否定"之间的这种垂直关系是如何在历史之中形成的呢？而在这种视界与关系中，人是如何作为至高的主体，同时又作为具有特权的客体，在西方的知识空间中登场的呢？1966年出版的，以"人文科学考古学"为副标题的作品——《词与物》将负责回答这些问题。

第三章　人之死

——《词与物》

1966 年出版的《词与物》，尽管本身是一部深奥难懂的专业书籍，却最终收获了巨大反响，并在商业上取得了重大成功。

福柯之名，终于通过他的第三部作品而为世人所知。在这部作品中，他以一种挑衅的姿态讨论着"人之终结"以及"人之死"这样广受关注的主题。"人"只不过是非常晚近的发明而已，总有一天会像画在沙滩上的脸一样，在海浪的冲刷下消散——随着这一主张在无数的地方被反复提及、引用，福柯一跃成为时代的宠儿。

福柯关于"人"的这一主张的诞生，其实在某种意义上，可以说是早已为人所期待了，我们将在后文中再讨论这一情况。在此，我们首先想要关注的是，《词与物》这部作品因为这一主张而在福柯脱离人类学思想的过程中，占据了一个明确的位置。也就是说，通过讨论西方社会中

"人"的登场以及其不断临近的死亡，福柯在《词与物》中，不仅将自己曾经的思想视界直接作为历史考察的目标，同时也明确指出，这一思想视界自身究竟包含着什么样的困难。

1966年的福柯围绕着"人"展开了什么样的历史分析呢？接下来，我们将会在考察他的这一分析与他迄今为止"考古学"研究成果之间的关系的同时，对这一分析本身进行叙述。

1. 无限与有限——与现象学的对决

有限性的反转

为了能够把握《词与物》在福柯60年代的一系列研究之中所占的位置，同时理解这一作品本身，我们在此想重新讨论福柯在《临床医学的诞生》中展开的关于死亡概念的历史变化的分析。因为，在《临床医学的诞生》中，福柯将这一历史变化，与前文分析的可见性形态的历史变化一道视作在西方社会中具有普遍意义的认识论事件。而正是这一事件，提高了有限性的地位。因此，在1966年的《词与物》中，福柯将这一认识论事件看作是在历史上促成人类学思想形成的重要契机，并着重加以分析。

在上一章中，我们已经看到，福柯在《临床医学的诞生》中，将死亡概念的变化和可见性的形态变化一同视作实证医学形成的重要原因。具体而言，此前死亡一直都是被视作从生命外部而来的、突然攻击生命的绝对瞬间，但是到了 18 世纪末，死亡却成为某种卧于生命的根基处的，与生命具有某种内在关系的东西。在《临床医学的诞生》的结论处，福柯重新将这一变化置于与西方知识整体的变化的关系中加以理解。换言之，在认识上，死亡成为包括生命和疾病在内的所有现象的基础。而福柯则将这一认识论事件，置于"有限与无限之间关系的反转"这一在西方文化中具有根本重要性的认识论变化中加以理解。

福柯指出，对于 17 到 18 世纪这一阶段的思想而言，有限性仅仅意味着对无限的否定。换言之，"人类是有限的"这一论述，在这一阶段仅仅是意味着，相较于神的全能而言，人是无能的。但是，自 18 世纪末起，人类的这种有限性逐渐开始获得积极含义。以死亡为其最显著标志的人类有限性，开始被视作内在于人类存在的某种特性，并开始被视为人类存在之根基。

有限性与现象学

不过，有限与无限之间的关系在 18 世纪末发生了反转这一说法，在哲学史上可以说是某种定说。而我们之前已经参照过的两位思想家——梅洛-庞蒂与海德格尔，都是在承认这种反转为哲学带来了某种根本性的突破的基础上，从这种反转出发展开自己的哲学研究。

在 1945 年的《知觉现象学》（*Phénoménologie de la perception*）中，梅洛-庞蒂强调，笛卡尔并不能充分地思考有限性。笛卡尔这位 17 世纪的哲学家还无法意识到人类的有限性所具有的肯定性含义。因此，他无法从有限的思想自身出发来理解人类思想，而只能依靠一种"绝对自我拥有的思想"，即无限之神的思想来为人类思想奠基。在这个意义上，笛卡尔哲学的立足点乃是一种关于无限的独断论，也因此，他的哲学无法将有限性作为根源——梅洛-庞蒂由此断言，笛卡尔式反思并非一种"已经完成的意识觉醒（prise de conscience）"（PP：55，中：77-8）。

那么，应该如何完成这种"意识觉醒"呢？海德格尔提供了一种可能的回答。正如在第一章中谈到的那样，海德格尔在《康德与形而上学疑难》中指出，康德在三大

"批判"中提出的三个问题，都是基于人类理性对于自身之有限性的关注。不过，这种有限性在因康德的发问而成为被思考的对象的同时，也成为使人们能够对有限性提出追问的可能性条件。换言之，只有当人类是一种既非全能，也非完全，更非无缺的存在时，人类才有可能针对自身的能力、义务与希望发问。伴随着康德哲学的发展，这一使人类以其自身独有的方式作为一种有限存在而存在的有限性，开始扎根于人类经验的最核心处。而伴随着"人是什么"这一问题的提出，有限性如今"第一次变为疑难"（KPM：217，中：234-5）。

如此，我们可以看到，梅洛-庞蒂在指出 17 世纪知性主义思想的基础在于无限的形而上学的同时，试图通过超越这种形而上学来重新将人类有限的知觉把握为一种原初的认识。海德格尔一方面为我们指出，自 18 世纪末以来，人类有限性开始作为一种构成性力量与奠基性力量登场，同时这种有限性还成为知识格外关注的特定对象。而另一方面，他自身也追随这种有限性的转变，走向了"此在的形而上学"。总之，这两位思想家都将有限与无限之间关系的反转这一思想史事件视作"意识觉醒"的完成，并以一种明确的方式，承认这一事件在很人程度上为他们自身的现象学考察指明了方向。

福柯与有限性

基于以上的论述，让我们重新回到福柯本身。福柯在1961年的"导言"中，已经将18世纪末有限性地位的上升，视作西方哲学思想史上的一个巨大断裂。在他看来，自康德以后，人类的有限性已经与人之中的某种基础性的、根本性的东西产生了关联。人类学正是从这种关联出发，将人类的有限性设为自己的目标与对象，并且采取了"为人类认知奠定基础并划定界限的科学"的姿态（AK：74）。在《临床医学的诞生》对死亡概念的演化所展开的论述中，福柯触及了有限与无限之间关系的反转这一思想史事件。不过，在这些文本中，这一事件还仅仅是作为一种一般说法出现，福柯还未将其作为历史分析的直接对象。

而在1966年的《词与物》中，福柯则开始正式直面这一问题。在其对西方认识论布局的变化的分析中，福柯以一种清晰明确的方式，对有限与无限之间关系的这一反转的发生及其后果展开了追问。

在福柯的追问中，我们能够看到的是与上文中梅洛-庞蒂和海德格尔完全对立的观点。一方面，梅洛-庞蒂在古典时代的思想中发现的是无限的独断论，而福柯则从其中看到了内在于这一时代的某种一致性。另一方面，对于将海德格尔引至"此在"分析的人类学问题，福柯则指出，这种问题实际上是一种幻相乃至发明。总而言之，在《词与物》中，福柯并未认为，随着康德哲学的出现，人们对于这种曾在无限的形而上学之中被错误判断的根本有限性的意识终于觉醒了。相反，他指出，这种有限性实际上是一种历史产物，而且，这种有限性也将思想引导至某种"沉睡"之中。

那么接下来，就让我们着重围绕福柯对有限性问题的分析，讨论这部 1966 年的作品。

2. 认识型及其变化——相似性、表象、人

从对相似性的解读到表象分析

福柯将某一特定时代中的各种科学话语之间所能看到的各种关系的整体，用具有知识、理解等含义的希腊语词语 "epistēmē"——认识型（épistémè）一词来称呼。在《词与物》中，福柯所关注的问题乃是，自文艺复兴时代

以来，西方社会中的认识型是如何变化的，进而，"人"是如何在这种变化之中，作为一种有限性的独特存在登场的。

福柯首先指出，在文艺复兴时代的认识型中，"相似"（ressemblance）发挥着支配性的作用。换句话说，在文艺复兴时代，人们认为世界上所有的事物，都是经由相似关系互相指示的，因此，知识的任务就是通过解读一种相似关系进而去解读另一种相似关系。

而与此相对的是，到了17世纪，相似不仅失去了这种认识论上的特权地位，更被认为是某种欺骗人的，可能会将人导向错误与幻相的东西。对于17世纪这一古典时代的人们而言，相似本身不再是值得追求的对象了——在明确识别同一性与差异的过程中，相似成为需要被严加考察的对象。

福柯将这个时期西方社会中出现的新任务把握为"表象分析"（analyse de la représentation）。表象分析一方面指的是为出现在人眼前或者精神中的"表象"赋予符号，另一方面指的则是基于同一性与差异为表象赋予秩序。在《词与物》中，福柯在语言、自然与财富这三个领域中，勾勒出了古典时代思想的具体风貌。

　　首先，在对语言的研究中，一种被称作"普遍语法"（grammaire générale）的研究出现了。在语言的本质乃是命名这一公设之下，人们提出了语言如何为表象命名，为了能够通过连续产生的语言来描述在同一时间内被给定的表象，语言应该如何排序等问题。其次，在对自然的研究中，出现的则是"博物学"（histoire naturelle）。这一研究的核心乃是在基于可见的特征为自然中的各种存在命名之后，将这些存在安置于同一性与差异的体系之中，并对它们进行分类。最后则是"财富分析"（analyses des richesses）。对此而言最重要的乃是，将货币规定为财富的符号，进而使财富成为一种可以交换的东西的同时，将货币总量与财富总量相对应，来为二者这样一种表象关系确立秩序。

　　在上述这样一种为语言、自然、财富赋予符号并使之有序的努力之中，最重要的问题乃是如何从那些被表象地给予的事物出发，对这些东西进行分析。换言之，在古典时代，思想总是在表象空间内部展开的。因此，对于这种古典时代思想而言，并不存在一种外在于表象的空间。

　　在福柯看来，迭戈·委拉斯开兹（Diego Velázquez）的《宫娥》（*Las meninas*）这一画作，极好地描绘了上述这样一种古典时代的表象空间。

宫娥

　　这幅名作由这位巴洛克美术巨匠创作于 1656 年，其中汇集了各式各样的人物像。位于画面中央的是年幼的公主以及围绕着公主的侍女与廷臣们，画面的左侧是正在作画的画家，画面后方的镜子上映射出了国王夫妻，而镜子旁的门外，则站着一位正在观察房间内场景的闯入者。在仔细地梳理了这些人物形象与构图结构的关系后，福柯特别注意到，本应该置身于绘画之外，从而使绘画得以成立的三名人物，却无一例外地被引入了绘画空间的内部——作画的画家、被画的模特以及观画的鉴赏者。他们本该站在同一个外在于画作的点位上，并从这个点位向画面投去目光，从而决定这幅画作的画面构成。但是此刻，他们却分别被投影在了画面中的画家、镜中人与闯入者身上。这就好像一切事物都被邀请进入绘画空间的内部，而这个绘画空间则作为表象，将其所有的外部空间都加以省略。由此，福柯从委拉斯开兹的这幅作品中，发现了"古典表象之表象"（MC：31，中：17）。

正如前文所指出的那样，文学对于福柯而言具有格外的重要性。实际上，福柯在其研究生涯中也经常将绘画视作应当加以关注的分析对象。在此，我们想插入福柯作品中关于绘画的简单讨论。

在《古典时代疯狂史》中，福柯就曾将希耶罗尼米斯·博斯（Hiëronymus Bosch）、老彼得·勃鲁盖尔（Pieter Bruegel de Oude）以及弗朗西斯科·戈雅（Francisco Goya）等画家的作品当作是描绘不同时代中疯狂经验的线索。他还在1973年将《这不是一只烟斗》（*Ceci n'est pas une pipe*）这本小书献给了超现实主义画家勒内·马格利特（René Magritte）。另外，他还曾留下过《马奈的绘画》（*La pintura de Manet*）这一份颇具意义的，关于爱德华·马奈（Édouard Manet）的演讲记录。

德勒兹在其 1986 年的《福柯》（*Foucault*）一书中已经指出，可见物与可述物（l'énonçable）之间的关系问题对于福柯而言是具有根本重要性的问题（F：55-8，中：49-52）。如果我们从这个角度来解读福柯，那么我们可以发现，他的绘画理论亦可给予我们丰富的启迪——福柯经常将看与说的交叉当作分析主题，并认为讨论绘画本身实际上就是去尝试言说可见物。

"人"的缺位

让我们重新回到主题。通过福柯对古典时代认识型的分析，我们可以看到，当时的思想总是停留于表象空间的内部。由此我们可知，将人类理解为以自身的有限性作为自身经验之基础的存在这一想法为什么在当时是不可能产生的。

古典时代的思想从来不曾想到过事物能够存在于表象之外。因而对古典时代的思想而言，询问事物与表象是在何处，以什么形式联系在一起，是没有意义的。换言之，在这种思想中，并不存在一种会为了自己而去构成表象的"人"。正是因为这样一种为表象奠定基础的东西是否存在本身不会被询问，所以那种内在于人的有限性对于古典时代的思想而言，就无法成为一个有效的问题。在古典时代的思想中，"有限的存在者"仅仅意味着其并非无限这一事实而已。那种具有构成力的根本有限性，在完全内在于表象空间之中的古典时代思想这里，是无法拥有自己的位置的。

如前所述，梅洛-庞蒂曾批判笛卡尔式反思之所以无法认识到人类有限性的肯定性意义，是因为这种反思立足于一种无限的独断论。与这种批判相对立，福柯一方面指出，古典时代的各种知识之间具有某种一致性特征，另一方面则表明，正是因为这种一致性特征，所以在古典时代思想最开端处，有限性被当作构成性特质的可能性就已经被排除了。在福柯看来，这种根本有限性之所以在18世纪末以前没有被思考，并不是因为人们对这种有限性的意识没有觉醒，而是因为当时的认识论布局导致了这样一种必然的结果。

因此，如果人的这种有限性想要获得积极意义并成为对人们而言最重要的关心对象，就必须要求古典时代的认识型发生根本转变。据福柯所言，这种转变最终在 18 世纪末，经由两个阶段发生了。

深层的发明

首先，在第一个阶段，上文所述的三种表象分析的研究领域中，分别出现了某些试图从表象外部将自身秩序施加于这些分析的东西。

在普遍语法中，"屈折"（flexion）或者说语法上的词形变化这一要素出现了。这一要素一方面展现着语言的内在机制，却又不能被还原为语言的指示能力。在博物学中，则出现了以"活着"为目的，并基于功能上的从属关系被等级化了的"有机构成"（formation organique）。这种"有机构成"被认为潜藏于身体内部不可见的厚度之中，并支撑起各种位于身体表层之中的可见特征。最后，在财富分析的领域中，此前一直被认为仅仅是可交换财富的一部分的"劳动"，如今开始作为一种存在于一切交换之中的同一而绝对的计量单位发挥作用。

总之，我们现在可以在表象的外部发现表象分析的可能性条件了。这样一来，表象空间失去了它的自律性，事物获得了其自身的厚度。这种"深层"，作为储存各种不可还原的力量的仓库，虽然对事物而言意味着一种内部空间，但对于表象而言却是外在的。福柯认为，这种"深层"正是 18 世纪末最重要的概念发明之一。当事物开始深藏于不可见的厚度之中时，能够被感知到的秩序则成为"只是深层之上的一种表面的闪烁"。在此，为可见与不可见之间的关系赋予秩序的"模糊的垂直性"（verticalité obscure）诞生了（MC：263，中：255）。

《词与物》中关于深层的发明的论述，准确呼应于《临床医学的诞生》中提及的 18 世纪末新的可见性形态的形成。自 18 世纪末以来，可见物与不可见物之间关系发生了反转，真理转而开始居住于"事物的晦暗核心"（noyau sombre des choses）之中（NC：X，中：6）。福柯在《临床医学的诞生》中，通过论述实证医学的诞生来讨论这一认识论事件。而到了《词与物》中，福柯进一步将这一事件理解为事物从表象空间中的后撤。在此，福柯试图指明，正是因为在历史上，一种支撑着可见物的不可见物形成了，所以人们才会不断地将出现在表层的事物送回到深层之中去。

但是，这样一种深层的发明，在其最初阶段还并未达成决定性的结果。因为，对语言、自然以及财富的研究，仍旧是把为表象赋予记号并将其秩序化当作自己的任务。也就是说，在这个阶段，尽管人们已经发现了某些无法还原成表象的要素，但是，人们依然试图将这些要素整合到表象内部。

而到了变化的第二个阶段时，伴随着人们最终彻底放弃表象分析，曾经的三个领域中也开始诞生出相较于过往有着根本不同特征的研究。

首先，在语言研究中，命名乃是语言最本质的任务这一公设如今已被放弃了。一种对各种语言体系里语词是如何被联系起来的研究，一种纯粹只关注语法层面的研究出现了。其次，对自然中各种存在的研究，如今不再立足于这些存在表面上的各种可见特征，而是将感官所不能捕捉的功能上的统一性作为其基础。最后，随着人们发现劳动乃是一切价值的源泉，并开始将劳动视作财富的可交换性的基础，货币与财富之间表象关系的理论如今也被生产理论取而代之。

自此之后，问题的关键便不再是为表象赋予记号和秩序，而是追问那些在表象之外构成表象的可能性条件的东西。普遍语法、博物学以及财富分析也在这个过程中，逐渐被研究语法的比较语法、研究生命功能的生物学以及研究劳动和生产的经济学所取代。

客体难以逾越之厚度

在福柯看来，当事物开始退入深层，当表象的界限开始显现，当与传统研究方式具有根本性不同的新研究开始出现时，人们才第一次真正指控古典时代的思想是一种沉浸于独断论迷梦之中的形而上学。从此以后，试图表象化所有的表象这样一项无止境的工作，被视作一种源于"幻相"的徒劳之举。而与这种转变相伴生的则是确认表象的可能性及表象的界限这一崭新的任务——由此，人们开始有了"批判"的需求。

但是，福柯指出，18 世纪末西方的这次认识论转变，虽然终止了那种替表象的自律性奠定基础的形而上学，却也为另一种形而上学的出现提供了可能性。

当事物在从表象空间中解放出来转而进入自身充满谜团的厚度之中后，其开始转变为一种无法完全被人认识的东西。同时，也正因为事物被设想为存在于表象之外，因而事物将自己呈现为使一切认识成为可能的条件。现在，人们认为客体总是在揭示自身的同时隐蔽自身，因而无法被完全地客体化，进而成为"表象的统一性基础"。也正是如此，人们才被召唤投身于一项"无限的认识任务"之中——抵达作为表象统一性基础的这种客体（MC：257，中：248）。

真理，在退回了客体那难以逾越的厚度之中时，也不断呼唤着人们注视这一客体。福柯在此所提出的主张，正与他在《临床医学的诞生》中论述"不可见的可见性"和"事物的晦暗核心"时所揭示的主题相同。在《词与物》中，福柯将原先在医学史论述中加以理解把握的认识论转变，描绘成了由18世纪末的认识型转变所引发的根本性的大事件。在《临床医学的诞生》中，福柯尚未讨论"新的可见性形态是如何在历史之中形成的"这一问题——换言之，福柯并未回答可见与不可见之间的新关系是如何形成的，不可见物又是如何成为可见物的潜能的。而如今在《词与物》中，福柯为这些问题提供了一种解答。

根据福柯的说法，随着人们承认了不可见物以及"否定"的力量，不断地被这种力量吸引、召唤的"人"的存在也逐渐开始浮出水面。这样的人，在总是错失真理的意义上，不断地展现着自己的有限性，但同时，也正因为这

种有限性，而不停地面向真理——一种在根本意义上作为
有限存在的人类，就此登上了历史舞台。

3. 人类与有限性——人类学陷阱

"人"的登场

正如我们在上文中曾经谈到的那样，只要思想总体上
仍旧是在表象空间的内部发展，那么，我们便无法针对
人，针对为了自身而构筑起这一表象空间的人提出问题。
只有当事物退入其自身的厚度之中，而表象开始被认为是
附着于这种厚度之表面的效果以后，人们才会开始需要一
个能够接受这些效果的人的存在——或者更具体地说，一
个与事物互为外在关系，并将表象赋予自己的人的存在才
开始成为问题。在事物与表象之间的那道因表象空间的解
体而产生的隔阂之中，"人"，作为连接事物与表象的存在
登场了。

这样一种"人"，很快便在双重的意义上成为一种有
限存在。

一方面，既然事物总是停留于表象的外部，那么，人
在无法直接认识事物这一层意义上，乃是有其界限的存

在。但是另一方面，人的这种认识能力，在区别于上帝的全能与动物的无能的意义上，也表达着人类自身能力的有限性。换言之，虽然人类的认识能力在经验之中以否定性的方式展现出其自身的有限性，但是，在这种否定的有限性背后，实际上隐含着其他侧面——正是这种有限性使得人类经验成为可能，因而这种有限性被认为深深扎根于人类经验的基础之中。

人类的有限性，正是通过这样的方式获得了积极含义，而其自身也由此成为人类理性所关注的重要问题。虽然随着事物退入其自身的厚度之中，真理只能以一种若隐若现的方式展现自身，但是，恰恰是人类所固有的这种有限性，使得真理能够以这样一种方式存在。人开始在失去真理的同时又不断受到真理的召唤——这一双重运动，正是起源于人的有限性。对这一在根本意义上是有限存在的人发问，便成为对"一切真理之真理"发问，而这种发问，也因此获得了其自身的价值。

有限性分析

正如我们在第一章中看到的，在为康德的《实用人类学》所写的导言中，福柯曾指出，虽然批判哲学揭示了

"先验幻相"的必然性，但是这种必然性随后被重新解释为"有限性的诸多具体的烙印之一"，因此这一幻相最终成为某种"真理之真理"。这一考察原先是在哲学史语境下推进的，到了《词与物》中，福柯转而将这一考察置于对西方认识型的历史分析之中，并重新加以理解。同时，借由《词与物》，福柯想要考察的是，围绕着具有根本价值的有限性，人们提出了哪些问题。在这里，福柯将这样一种近代所特有的，以人这一双重意义上的有限存在作为其分析核心的分析方式，称作"有限性分析"（analytique de la finitude）。

有限性分析的目标在于探求潜藏于事实上的有限性——即被视为人类经验之界限的有限性背后的另外一种有限性。后一种有限性为前一种有限性奠定基础，并且具有先验价值。据福柯所言，有限性分析的最大的特征在于，一方面其在两个互相异质的层面上发现了两种不同的有限性，但另一方面却又试图将这两种不同的有限性相互重叠交汇在一起。换言之，这种有限性分析在区分了经验和先验的基础上，为了阐明经验的各种条件，试图对经验本身发问——试图"在先验的层面上夸耀经验"（MC：331，中：324）。

为了能够用有限性自身来为有限性奠定基础，有限性不断地被二分。而被二分后的两方，总是在其自身之中显示着另一方的反复。福柯认为，有限性对有限性自身的这种永无止境的参照，尽管曾经与批判哲学一道从独断论的沉睡之中觉醒，但很快又陷入另外一种沉睡之中去了。

人类学沉睡

在福柯看来，有限性之所以能够作为人类经验的可能性条件从而获得价值，其原因在于事物从表象空间中后退。换言之，当表象和在表象之中隐约显现其自身的事物之间那道难以逾越的隔阂被人们注意到时，"人"作为弥合表象与事物二者之间关系的存在便第一次带着自身所特有的有限性登台亮相了。

在此需要补充一下，有限性分析这一分析模式在有限性中设定自己的分析目标的同时，还试图从人在认识中获得的经验性内容出发，揭示认识的各种条件。结果，这种分析模式便在不经意间抹除了横亘于表象和为表象赋予条件之物之间的空隙——正是这一空隙的存在才使得有限性的地位得以上升。换言之，这一分析模式实际上试图将经验领域与先验领域重合——尽管它预设了这两个领域之间的区别（这种区别源于表象空间原先所具有的自律性的瓦解），但却尝试着用一种天真的方式跨越这种区别。

当事物退入自身的晦暗之中，当真理开始不断从人的手中逃走却又不断呼唤着人时，这种被尊为"一切真理之真理"的人的根本有限性也难逃这一后退运动。为了能够重新把握住这些不断从人类的有限经验之中逃离的东西，有限性分析听任自己投身于无止境的追问之中。如今，一种形而上学的可能性，在人类和主体这一侧——而非客体那一侧——逐渐形成。

因此，我们在此可以看到一种"前批判的素朴性"（MC：331，中：324）。只要事情一旦涉及人类主体这一特殊存在时，这种"前批判的素朴性"好像就会允许人们超越由"批判"为认识所厘定的界限。因此，尽管思想刚从独断论的沉睡之中苏醒，却又要面临新的沉睡。福柯所揭示的，正是思想在"人是什么"这个问题（这一问题诞生于经验领域与先验领域二者的折痕之中）中陷入"人类学沉睡"的情况。

海德格尔曾指出，康德在"批判"中提出的"我能知道什么""我应该做什么""我可以希望什么"这三大问题，可以概括为是对人自身有限性的关心，并且，海德格尔自己也接受了这种对有限性的追问。而与此相对，福柯在 1961 年的"导言"中就已经指出，这样一种人类学考察，实际上是将人们原先试图在客体中超越经验之边界的妄想转移到主体之中。而到了《词与物》中，福柯则进一步认为，这样一种试图将先验领域与经验领域重合的考察，实际上正在使思想陷入一种新的沉睡。相较于提出关于人自身的有限性的意识是如何觉醒的这一问题，福柯试图分析的乃是这种有限性在历史之中是如何出现的，进而思想又是如何被要求围绕着这种有限性进行无止境的追问的。

总之，福柯在其 1966 年的这部作品中，将西方世界里"人的出现"理解为文艺复兴时期以后认识型的历史变化的一个过程。"人"之所以能够同时作为至高的主体与最特殊的客体登场，其原因在于古典时代所预设的表象的自律性的崩坏以及新的认识论布局的形成。而"人"的这一登场实际上只是相对而言较为晚近的一系列事件的产物。因此，如果有新的认识论变化发生，那么，这样一种"人"，就将如同画在沙滩上的一幅画一般，在海浪的拍击之下，最终消失得无影无踪。福柯在《词与物》中，不仅宣告了"人"的这一命运，而且还从根本上撼动了人们在对人进行反思时所立足的不稳固的根基。福柯希望能够通过这部作品呼唤新的思想觉醒。

第四章　幸福的实证主义

——《知识考古学》

如前所述,《词与物》成为福柯的一大成名作。当时法国的报纸、杂志竞相议论这部作品,人们无论是否真的会读,都争相购买此书。这部作品在获得如此狂热的追捧的同时,也理所当然地遭遇了猛烈的抨击。这部论述"人"的发明及其逐渐临近的"死亡"的作品,在当时,成为那些信奉人道主义乃至人类学中心主义(anthropologisme)的读者必须加以反驳的最大敌手。

至于一跃成为风云人物的福柯,则在 1969 年出版了他的下一部作品《知识考古学》,并在理论上对"考古学"这一自己的历史研究方法进行打磨。这部作品可谓是为了回应1966 年之作所引发的各色争议而诞生的。而在其中,福柯所处理的关键问题,仍旧是如何从人类学思想中挣脱出来的问题。换言之,福柯通过 60 年代一系列的考察从历史上追踪了"人"的出现之后,开始将促成这一成果的历史研究方法本身,确立为得以从主体之中解放出来的方法。

在本章中，我们首先会参照当时的时代背景，对《词与物》所引发的争论加以概观。随后，我们会重新将福柯作品中被认为是最难以理解、最难以把握的《知识考古学》，置入挣脱人类学思想（因而也是挣脱福柯自身）的过程中加以解读。

1. 主体、结构、历史——如何书写历史

结构主义

1966 年，既是《词与物》出版的那一年，也是结构主义如日中天的那一年。

自 50 年代后半叶起，伴随着人类学家克劳德·列维-斯特劳斯（Claude Lévi-Strauss）和精神分析学家雅克·拉康（Jacques Lacan）的学说的传播，在主体之外对主体起决定作用的"结构"概念，开始逐渐对支配法国许久的主体性哲学产生巨大的冲击，并在民族学、精神分析、文学等各式各样的研究领域中崭露头角。正如其灵感来源"结构语言学"（linguistique structurale）——一种在不诉诸说话主体的自发性的情况下研究语言的方法一般，结构主义也不以人的主体性作为其自身研究的出发点。

1966 年，巴特出版了他那部与过往文学批判彻底划清

界限的《批评与真实》(*Critique et vérité*)，拉康也将他历年的著述整合为《文集》(*Écrits*) 出版——除此之外，还有许许多多被视为结构主义者的人出版了各式各样的作品，而在各种学术杂志上，关于"结构"的讨论一时间更是沸沸扬扬。由此，结构主义正是在这一年，形成了一股席卷法国的强大思潮。而在这股思潮之中，宣告着"人之死"的《词与物》，无疑可以说是最璀璨耀眼的明星。尽管福柯自己对这一归类感到抗拒，但是人们确实是在结构主义盛行的背景之下接受这部作品的，因此，这部作品乃是作为这一崭新思潮的象征而为人们所关注。

正如前文中业已提及的，60 年代福柯对于人类学思想的挣脱过程，正与法国主体性哲学之式微相重合。因此，在这个背景下，一旦时机趋于成熟，舞台布置完毕，那么，我们也就不必为早已做好十足准备的"人文科学考古学"在读者之中所引起的狂热感到震惊。在某种意义上，正如萨特所讽刺揶揄的那般，《词与物》可谓是人们翘首以盼的作品。

电影与幻灯片

但是，在受到如此追捧的同时，福柯的这部作品也成为当时那些难以接受这一新思潮的人激烈批判的对象。

首先是马克思主义者们展开了回击。在他们看来，福柯将马克思与其他经济学家并置于 19 世纪的认识型当中，并认为马克思主义没有产生任何现实断裂的这一观点，实际上只是一种基于"反历史偏见"的产物而已。

除此之外，萨特在将《词与物》视作某种呼应人们期待的作品的同时，也对这部作品提出了反对意见。而他所质疑的也正是福柯处理历史的方法。

在 1966 年底发行的《弓弧》（L'Arc）杂志萨特专刊的采访中，萨特强调了《词与物》对历史的拒斥。换言之，福柯的这部作品虽然号称历史研究，但实际上是"将电影替换为了幻灯片，将运动替换为静止物的交替出现"，所以，福柯无法回答"各种各样的思想是如何在一定条件下形成的"这一历史研究中最关键的问题。进而，在萨特看来，福柯的这种对历史的拒斥，结果只不过是对马克思主义的拒斥——他企图构筑"资产阶级能对马克思主义立起的最后的一道屏障"（原文刊登于 L'Arc n° 30，本文引用自 MCMF：75-7）。

这些来自主体性哲学或者马克思主义阵营的围绕历史研究方法的回应或者反击，也许在某种程度上处于福柯的预料之内。因为，正如他在《词与物》序言的注释中所宣告的，福柯此时已经着手准备用自己的下一部作品在理论层面上解释自己的"考古学"方法（MC：13，中：8）。于是，针对《词与物》自出版以来所受到的质疑和反驳，福柯精心书写并在1969年出版了《知识考古学》这部作品。在《知识考古学》中，福柯首先从根本上对于现存的关于历史的思考方式表达了异议。福柯一边揭示出过往对思想史的研究总是被主体的主权所绑定这一情况，一边追问我们究竟应该如何打破旧思想的桎梏并确立新方法这一问题。

自人类学的解放

在《知识考古学》的开篇处，福柯指出，尽管最近几十年间，历史学领域产生了重大的变革，但是思想史本身却仍然只是在扮演其传统角色。当狭义的历史学已经开始利用非连续性、系列、分隔、弥散等概念开展新的研究时，思想史仍旧从事着探索起源、寻找目的论这类陈旧的工作。

福柯强调，在这种思想史研究与人类主体的特权化之间，实际上存在着前者对后者根本上的臣属关系。进而他指出，自己60年代的研究一方面正是要阐明这种臣属关

系是如何产生的，另一方面则是要切断这种关系。对于
"考古学"作品而言，问题的关键在于从对人类学的臣属
之中解放出来。由此，我们可以看到，福柯清楚地表明，
从《古典时代疯狂史》到《词与物》的这一连串的研究，
都蕴含着他不断从过去的思想视界中挣脱出来的尝试。

　　福柯为《知识考古学》这部理论作品设置的第一个目
标在于"将这些任务连贯起来"（AS：25，中：19）。随
后，他所设置的另一个目标则是，在完成对人类学思想史
的考察并将其问题化以后，重新讨论自己的这种历史研究
所使用的方法，并将其塑造为一种"不受任何人类学中心
主义污染"的方法（AS：26，中：19）。

　　由此，《知识考古学》与福柯此前那些尝试具体的
"考古学"研究的作品之间便产生出了一种双重关系。一
方面，《知识考古学》的目标在于，通过反复推敲自己迄
今为止只是盲目使用的研究方法，为这些"考古学"研究
提供一个理论上的支持。另一方面，既然问题的关键在于
寻求一种能从人类学的各种主题中解放出来的历史研究方
法，那么，这一理论的立足点便是他迄今为止所进行的各
种历史研究。换言之，这一为"考古学"研究确立其根据

的理论，实际上正是立足于"考古学"研究所发现的地基之上。简而言之，如果我们将这部 1969 年出版的作品纳入福柯自 20 世纪 60 年代初以来对人类学的挣脱中去看，那么我们可以发现，这部作品既是这一挣脱的最后一道工序，同时也是这一挣脱在逻辑上的结果。

那么，这部作品具体是如何表现为这种挣脱的最后一道工序及其逻辑上的结果的呢？或者说，在这部作品中，福柯以他迄今为止的历史研究为依据所构筑的理论是如何从人类学思想中解放出来的呢？

"考古学"的定义

为了理解福柯是如何在《知识考古学》中继续挣脱自我的，我们首先可以考察他在这部作品中是如何界定自身的研究方法的。

在此书 1969 年版封底的介绍语中，福柯简要阐明了这部作品的创作动机。据他所言，对于"考古学"而言，关键问题在于"描述各种各样的话语"。也就是说，相较于试图揭露出隐藏在话语背后的思想运动的传统思想史，福柯则是想要只停留在"被说出的东西"（chose dite）这

一层面上进行研究。而针对"被说出的东西"这一领域，
福柯使用了意为"档案"的"archives"这一单词的单数
形式"archive"来加以称呼。由此，福柯将"考古学"
（archéologie）定义为与档案相关的研究①。

———————

① 作者在此引用的内容来自"人类科学丛书"（Bibliothèque des Sciences humaines）版的《知识考古学》封底福柯所写的一段简短介绍。而自 2008 年以后出版的"如是"版（Collection Tel）《知识考古学》，这段介绍被进一步简化。因中文译本并未收录这段介绍，故将其添加于此以供读者参考：此前几本书中仍旧有许多问题模糊不清，所以我是为了解释我在这几本书中想要做的事情吗？准确来说不止如此。我想走得更远一些，想要通过一种新的螺旋运动回归到我所从事的工作之中，想要说明我究竟是在何处说话的，想要标记那些使我过往研究（以及其他我可能永远无法完成的研究）成为可能的空间。简而言之，我想要赋予此前我一直含糊其辞的"考古学"这一单词以意义。这是一个危险的单词。因为，这个单词似乎指向那些落入时间之外、已然固化于其自身沉默之中的痕迹。实际上，问题在于描述各种各样的话语。不是描述（在与其作者关系之中的）书籍或者（具有其结构与一致性的）理论，而是描述那些熟悉却又令人疑惑的总体，记录那些以一种（la / le）医学、一种政治经济学、一种生物学的姿态贯穿于历史之中的总体。我想说明的是，尽管这些单位并不是独立的、被统一规划的，尽管它们处于恒久变化中，匿名且无主体，尽管它们贯穿于诸多单独的作品之中，它们仍旧构成了许多具有自律性的领域。在观念史（histoire des idées）试图通过研究文本，揭示思想的秘密运动（思想缓慢的发展、思想的斗争及旧疾复发、思想所规避了的种种障碍）的地方，我想使"被说出的东西"这一层面，在其自身的特性中得以显现——"被说出的东西"显现的条件、它合并以及连接的各种形态、它发生转变时的规则、对这些"被说出的东西"加以划分的不连续性。"被说出的东西"的领域正是我们称作"档案"的领域。而考古学，则正是以分析档案为自己的目标。——译注

在《知识考古学》正文中，"考古学"乃是"恰好在其被说出来的范围内，对那些被说出的东西进行的描述"（AS：143，中：129）。而这样一种"考古学"，对于"我们的诊断"而言是有价值的。换言之，我们有可以通过回溯历史，探查那些已经不存在于我们时代的东西，来获得对当下的新理解的可能性。只是，这种研究的目的并不在于驱逐历史中的断裂和重新建构起我们的主体性或者人性，而在于"使我们抛弃我们自身的连续性"（AS：172，中：156）。我们借由"考古学"所给予"我们的诊断"，并非为了确认我们超历史的同一性，而是为了将我们作为差异呈现出来。

在此我们可以看到，专注于"被说出的东西"的层面，并给出"我们的诊断"这一"考古学"的定义，实际上包含着对两项主题的拒绝。

其一，将我们作为差异呈现出来的"我们的诊断"，并不是要重建那些分散于时间内部的诸多事件之间的连续性。其二，专注于"被说出的东西"及其描述的研究，并不是解释学研究——"考古学"并不试图寻找隐匿于"被说出的东西"背后的东西。

当我们考察这种在《知识考古学》中被以明确方式表

达出来的双重拒绝时，我们能清楚看到的，正是福柯从人类学思想中脱身的努力。福柯之所以执着于抗拒历史连续性和解释学，就在于这二者与承认人类主体的至高权力的人类学思想之间具有深刻的联系。

通过打破历史研究对人类学的臣属，专注于"被说出的东西"并作为"我们的诊断"发挥作用的"考古学"便成为可能。为了更好地展现这一可能性产生的过程，在接下来的内容中，我们将逐一考察福柯是如何拒绝这两项主题的。

2. 连续的历史——主体的避难所

历史与主体

首先，让我们来看一看福柯是如何拒绝连续性的。

我们之所以会认为福柯拒绝将历史视作一种连续物是为了从人类学思想中得到解放，乃是因为福柯在《知识考古学》中对此有明确论述。在他看来，连续的历史正在作为维系人类主体的特权的"最后场所"发挥着作用，因此，我们必须先放弃这座"旧堡垒"（AS：24，中：17）。

那么，连续的历史是以什么样的方式，作为主体最后的堡垒发挥功能的呢？而福柯又是如何在 1969 年的作品中，决定性地向这座堡垒发起进攻的呢？

关于试图恢复历史的连续性与主体性哲学存在根本性关联这一点，列维-斯特劳斯就曾在 1962 年的《野性的思维》（*La pensée sauvage*）中批判过以萨特为代表的哲学家们对历史学所进行的特权化（PS：338-57，中：281-96）。在他看来，试图将散布于时间之中的事件作为一连串连续的发展这样一种行为，实际上不过是将历史视作"先验人道主义最后的避难所"，视作某种人类自身意识的等价物。而这种等价物与人类意识拥有着相同的连续性（PS：347，中：288）。

福柯则是以自己的方式，暴露出意识哲学与历史学之间的这种共谋关系。在《知识考古学》的序章中，福柯一方面指出，以思想为主题的历史研究仍旧沉迷于重构连续性这一传统任务，另一方面与列维-斯特劳斯同样，他也指出这一研究倾向来源于那种试图将历史设置为人类学思想根基的思想计划。换言之，人们只有将思想史描绘为不间断的连续性展开过程，才能为"意识的至高权力提供一种有特权的庇护"（AS：21，中：14）。

实际上，如果我们确实能够将思想史理解成一种自其起源伊始便绵延不绝，不曾断裂的连续体，那么在这种历史中，人类意识将会被确立为一切生成变化的开创者。同时，这种历史还会在人类试图重新占据那些在时间中逃离人类掌控的东西时，发挥莫大的作用。连续的历史乃是在人们将人类主体视作开创性、原初之物时"必不可少的相关方"，而"把历史分析变成连续的话语和把人的意识变成任何变化与任何实践的原初主体，是同一思想体系的两面"（AS：22，中：15）。

福柯在揭露思想史与人类学思想之间的这种共犯关系时，矛头所指的其实正是胡塞尔的现象学。而且，是胡塞尔在通称为《几何学的起源》（Der Ursprung der Geometrie）的这一篇福柯曾在 50 年代仔细钻研过的手稿中所展现出的哲学。

几何学的起源

在这篇作于 1936 年并于 1962 年被德里达翻译成法语在法国出版的论文中，胡塞尔对几何学之意义的起源进行了研究。他在此文中追问的是，数千年前便已存在且至今仍旧不断得到发展的几何学，其诞生在历史之中究竟有着什么样原初的、根本性的意义呢？

　　从胡塞尔的这一意图中，我们可以很清楚地看到，胡塞尔基本上将如下内容视作自明之理——既然几何学这一科学在历史之中贯穿于一切其可能采取的形态并始终维持着它的统一性，那么，几何学便是人类主体的活动的总体性成果。这种成果从原初的创造性活动中诞生，然后由各种新的精神所继承，并不断向前发展。

　　从几何学所具有的这种贯穿整个历史的同一性出发，胡塞尔将几何学视作历史性之主体的人的产物。进而，他不仅将这一连续且进步的历史视作与几何学这一单一学科相关联，更是将其作为与一切科学，乃至于一般历史相适配的历史形态。也就是说，胡塞尔将考察几何学所具有的原初意义的研究，视作思考人类及文化的"普遍历史性"（universalen Historizität）的典范型研究。由此，这一原先只与数学内部某一分支相关联的琐碎研究，一跃成为与历史的总体性以及"理性的普遍目的论"（universalen Teleologie der Vernunft）相关联的研究（KEW：378，386；中：465，477）。

科学的统一性

　　如果我们能够确认，在一切科学内部确实存在一种贯穿时间的统一性，那么我们确实能够获得一个根基来使我们相信历史整体具有连续性。如果在历史之中，在其自身纷繁复杂的多样性之下，各式各样不同的科学能够重构具有深刻连续性的人类进步活动，那么，我们确实可以推导出人类理性的目的论。

在《知识考古学》中，福柯为了将思想史从这一连续性主题中解放出来，首先追问的正是这一通常在各种科学中都能发现的统一性——福柯基于自身的研究成果，逐一考察了一般而言被认为是科学统一性之基础的对象，指出这些对象并不如人们通常所想的那样能够支撑起一种贯穿历史的统一性。它们并不是"一劳永逸地被确立，并在至高权威之下（souverainement）随着时间的流逝发展起来的形式"（AS：45，中：37）。因此，这种统一性绝对无法成为寻求"普遍历史性"的出发点。

福柯并不想从某一科学的统一性出发以达致某种构建历史的原理，再从这种原理出发，在历史性总体与人类的主体性之间建立起根本关系。福柯希望的是，在描述那些于时间之流中发生的事件的同时能够不把这些事件送回到某种开创性主体那里去；希望的是在被预设为统一和连续的地方中展现其不连续性与差异性。这正是福柯通过其60

年代的各种具体研究所展现的"考古学"研究的特征。

在对各种各样的科学进行"考古学"研究时，我们可以发现，几何学乃至于数学的历史，只是一个极具特殊性的例子。实际上，并非所有科学都能和数学一样展现出这种连续性。数学的历史并不是某种一般化的历史。当把数学作为思考其他科学史的模型时，这一模型与其说能够提供一种一般化的历史原理，不如说更有可能导致人们轻易地将各种不同的历史形态均质化。在福柯的研究中，与其说几何学乃至数学在研究各种科学的历史时能起到典范效果，不如说它们仅仅是一个"恶例"而已。

历史先天性

胡塞尔的理论目标在于将一种科学所具有的连续性送还到作为历史主体的人那里，并从这种连续性出发到达"理性的普遍目的论"。而对于这样一种理论目标，问题的关键就在于从作为事实的历史出发，抵达历史本质且普遍的结构，换言之，就是找到使历史能够被理解的"历史先天性"（historische a priori /a priori historique）。虽然福柯也使用了胡塞尔的这一术语，但他却是以一种完全不同的形式将其呈现出来。

　　福柯的"历史先天性"并不指向一切历史事实都必须遵循的普遍结构，而是指向一种激进的经验形象。具体而言，指向为话语实践赋予特征的各种规则的总体。这种规则的总体虽然对于某一特定时代的知识的形成而言起到一种"先天"的作用，但是其自身却也是在历史之中形成的，是深处时间之流中的可变物。因此，对于"考古学"而言，问题的关键在于对这一"历史先天性"进行批判性分析。福柯所进行的历史研究，并非要从作为事实的历史之中发现某种"内在的历史"，而是要在具体的话语性现实的层面上去描述这一事实是在何种历史条件下，遵循哪些可变的规则才成为可能的。

　　对于为"意识的至高权力提供一种有特权的庇护"的连续的历史，对于这一人类学思想的"最后的避难所"和"旧堡垒"，福柯发起了坚定的进攻。他在展示如何进行一种摆脱人类学桎梏的历史研究的同时，也将连续性与主体性揭示为他的研究所要彻底追问、批判的对象。

3. 解释——"再占有"的努力

任何解释之外

接下来，让我们来考察福柯是如何拒绝解释的。在《知识考古学》中，他明确提出，"考古学"分析是处于"任何解释之外"的（AS：144，中：129）。

正如前文曾提及的那样，福柯将"考古学"的任务定义为"恰好在其被说出来的范围内，对那些被说出的东西进行的描述"。被说出的东西是以何种样态存在着呢？对于那些被说出的东西而言，它们实际上被说出来这一事情究竟意味着什么呢？"考古学"研究正是以这些问题为引导，并坚持停留在"被说出的东西"这一层面上。对于这些被说出的东西，"考古学"绝不会去追问诸如在这些被说出的东西背后究竟隐藏着什么，或者在其内部是否暗含了什么没有被说出的玄机之类的问题。总之，"考古学"这一分析方法实际上对立于那种试图探究被隐含的意义的解释学方法。

那么，在福柯这种试图疏远解释学的姿态之中，我们能够看到怎样一种为了挣脱人类学思想而做出的努力呢？在解答这一问题上为我们提供有效线索的，正是保罗·利科（Paul Ricoeur）围绕着解释所进行的考察。利科和福柯之间也有过不少因缘交集——例如他们是同一年被推举为法兰西公学院教授候选人的。在此，我们想关注的是他于 1965 年出版的《弗洛伊德与哲学》（*De l'interprétation*）一书①。在这部作品中，我们可以看到与《知识考古学》中的描述逐一对立的各种主张。

再占有

在回答"解释是什么"这一问题时，利科将近代以来的解释区分为相互对立的两种。其一是作为意义复兴的解释，其二则是作为怀疑实践的解释。换言之，前者是通过批判对意义的朴素信仰，寻求更为合理的第二信仰这样一种解释；后者则是将自己表现为一种激进的，甚至于连意识本身也加以怀疑的怀疑（DI：36-47，中：23-30）。

在利科看来，后一种解释之所以质问意识，并不是要破坏它，而是要扩张意识并为其奠定新的基础。因此，即

---

① 实际上，此书的法语书名为 *De l'interprétation*：*Essai sur Freud*（《论解释：弗洛伊德研究》）。中文版遵循英文版书名作《弗洛伊德与哲学：论解释》。本文在此遵循已有中译名。——译注

使解释采取了一种激进的姿态，可是在这种姿态之后，总是会诞生出一种相较于以前更合理的新信仰。因此，乍看上去互相对立的两种类型的解释，实际上"它们在使意义的源头偏离某一中心而趋向另一个中心这一点上是共同的"（DI：61-2，中：45）。不论是作为怀疑实践的解释，还是意义复兴的解释，两者都旨在抛弃一个中心而寻求另一个中心，都试图重新获得曾经一度放弃的东西。正因此，利科将解释学工作定义为了"再占有"（réappropriation）。为了将那些不再是属我之物的东西重新变成"我们固有的东西"（mon propre），我们被要求不断地去进行意识化的工作（DI：52，中：37）。

总之，利科分配给解释的任务乃是寻求其他中心的去中心化，以及将那些从意识之中逃离的东西意识化。但福柯在他1969年的作品中恰恰认为，这正是最需要我们彻底摒弃的任务。

解释与稀缺性

一方面，福柯清楚表明，自己的研究旨在"进行一种不给任何中心留有特权的去中心化"（AS：268，中：240）。通过对被说出的东西进行分析，福柯所追求的是在不参考某种唯一体系或者绝对参照系的基础上，将这种散乱的状态描述出来。换言之，福柯在不断进行差异化的同时对这种差异展开了分析。

另一方面，正如我们之前已经多次看到的，50 年代的福柯也曾试图重新占有某种人类主体正在丧失的东西。但是，进入 60 年代后，通过一连串的"考古学"研究，福柯问题化了这种尝试，并将之放弃。以自己的一系列历史研究为基础，福柯在《知识考古学》中强调到，话语不可能将那些从我们意识之中逃脱的东西重新回收到意识之中——毕竟，"我的话语"本身就是一种不断从"我"这里失去的东西。"考古学"毫不留情地从试图借由话语来延长意识，借由言说使人类主体继续存活下去的人那里，夺走了这份希望。

因此，福柯的分析，在进行一种绝不重新树立新的中心的去中心化的同时，也在描述着那些从我们这里逃脱的话语的散乱状态。这种分析可以说与利科的分析完全对立。而从福柯的这种分析出发，我们可以看到，解释已经不再被福柯视作一种对话语加以说明的行为了，相反，解释本身反倒成为一种需要通过考察话语的历史形成来加以说明的行为。

　　基于"并非所有东西都被说出"——更具体而言，在某一时代所有能被说出的东西中，最后被说出来的往往只是比较少的一部分而已——这一原则，福柯试图告诉我们，解释乃是话语的这种"稀缺性"（rareté）所带来的效果。解释虽然声称被说出的东西是丰饶的，而自己的任务就是去探寻出那些隐匿在这种丰饶性之中的东西，但实际上其只能对被说出的东西的贫瘠做出反应，甚至只不过是为了掩盖这种贫瘠的一种方法而已。

　　福柯旨在说明，"这些解释存在本身只有"从被说出来的东西的稀缺性和贫瘠的角度出发"才得以可能"（AS：158，中：142）。对于"考古学"而言，解释并非去寻找新的中心并回收那些被丧失之物的手段，而是与历史的连续性一样应该被付诸检讨的问题。

目光的转换

　　"考古学"的任务并不是揭示那些隐藏于话语之中的东西，而是"恰好在其被说出来的范围内，对那些被说出的东西进行的描述"。围绕着"考古学"，福柯提出，"考古学"的工作正是通过"目光与态度的某种转变"，重新把握那些因为我们的习以为常而反倒显得模糊不清的东西

（AS：145，中：131）。换言之，相较于揭示不可见物，"考古学"的工作要义在于使那些明明是可见的，却因为种种原因显得不可见之物变得可见。相较于去回收那些从我们这里逃走的东西，"考古学"的目标在于使那些因为离我们过近而被我们所忽视的东西重新变得醒目。总之，关键在于，我们应该通过仔细检查被说出的东西，通过将现在的我们作为一种差异展现出来，来叩问那些我们习以为常的自明性，来搞懂这些曾经被我们视为自明的东西究竟是如何形成的。

随着福柯放弃了对不可见物和"否定"的探索，他的理论目标逐渐表现为一种实证主义。但是，这种福柯式实证主义并不能与一般意义上的实证主义等而视之。因为，在福柯看来，一般意义上的实证主义是一种这样的态度：它一方面承认那些从认识之中逃离的东西所具有的潜能，另一方面却又放弃对这种潜能的表达和展现，而仅仅满足于那些能够在客观上加以把握的东西（MC：258，中：249-50）。一般意义上的实证主义仍旧是从"不可见物为可见物奠定基础"这一公设出发。而与之相对的"考古学"研究正是要问题化这一公设。"考古学"并不在预设"否定"之力存在的同时，又对这种存在视而不见。相反，

"考古学"的工作正是通过对"被说出的东西"的描述，从而暴露出这种"否定"之力是如何在历史中被形成的。这正是自称为"幸福的实证主义者"（positiviste heureux）的"考古学家"的任务。

在这部出版于《词与物》之后的作品中，福柯继续着摆脱人类学思想的努力。但是，不同于过去采取具体的历史研究的方式，在这部作品中，他通过对方法论的讨论，试图总结出一种能够终结人类学思想的行之有效的方法——不是去复原历史的连续性，而是将我们的现在作为差异突显出来；不是去暴露出那些隐藏在话语背后的东西，而是在话语自身的层面上进行分析。总之，通过这种方法上的革新，福柯在这部作品中，将"考古学"展现为一种历史研究，一种从与主体哲学的共犯关系中决定性地解脱出来了的历史研究。

第五章　"灵魂"的谱系学

——《规训与惩罚》和权力分析

通过《知识考古学》这部作品，福柯在自己挣脱人类学思想的历程中立下了一座里程碑。而随着时间进入 70 年代，福柯的研究方向发生了新的转变——从原先对各种各样知识的历史形成的考察，逐渐转变为了对权力关系的历史变化的分析。

福柯对权力问题的关注之所以逐渐前景化，一方面原因在于当时的社会状况，以及福柯自身对于这种社会状况的体认。

在 1966 年的《词与物》大获成功后不久，福柯就从克莱蒙费朗大学被派遣到了突尼斯大学（Tunis University）。在此之后大概两年的时间里，福柯都是在突尼斯度过的，直到 1968 年底才回到法国，受任成为万塞讷实验大学中心①（Centre universitaire expérimental de Vincennes）的哲学教授。因此，福柯未能亲身经历 1968 年法国的"五月风暴"。但是，在突尼斯，福柯却也目睹了当地的学生运动，并通过帮助学生的方式参与到了这些运动之中。回到法国后，福柯依然积极参与各种集会和示威游行，并发表言论，有时甚至遭到逮捕。在 1976 年的某次访谈中，福柯清楚表明，这一连串的事件、一系列的行动，确实在很大程度上使自己开始关注权力问题。换言之，正是因为 1968 年后，权力之网最细密的环节开始成为抵抗和斗争的场所，所以，我们才能够开始以相应的方式去分析权力的运作机制（DE，n°192）。

除了对当时社会现状的回应之外，另一方面我们也需要注意到福柯的研究自身内在理路的发展。对权力的研究，实际上是对话语的研究的一种延申。1971 年出版的小册子《话语的秩序》（L'ordre du discours）清楚地揭示了这种内在理路的发展。尽管如书名所示，这部作品仍旧是以话语分析为其主题，但是恰恰也是在这部作品中，我们能够发现福柯未来一段时间内——自 20 世纪 70 年代前期

① 今巴黎第八大学（Université Paris 8）。——译注

的法兰西公学院课程起，至 1975 年《规训与惩罚》出版
——从事的权力分析这一工作的萌芽。

在本章中，我们将考察福柯是如何开始关注权力问题，并抵达他在《规训与惩罚》中所展现出的思路，同时，我们也将留意这一系列研究与此前的"考古学"研究之间的关系。

1. 话语与权力——《话语的秩序》

话语的稀缺化

1970 年，福柯就任法国研究教育系统顶点的法兰西公学院"思想体系史"（Histoire des systèmes de pensée）讲席的教授，并在这一岗位上执教到 1984 年去世为止。在 1970 年 12 月，福柯发表了值得纪念的就职演讲。此后，福柯将这一演讲命名为《话语的秩序》并出版。

为了从新角度出发，重新处理在《知识考古学》中所提出的话语分析方法，福柯在这本小册子的开篇处首先指出我们在面对话语时所抱持的种种不安。话语，因其物质性和偶然性，因其所孕育的危险，还因其他种种原因而使我们感到困惑，并使得我们在开始对自己言说时感到

犹豫。

换言之，产生话语便是在行使某种威胁着我们的权力。也正是因为如此，话语自身也成为欲望的对象，甚至是斗争的关键赌注（enjeu）。话语并不仅仅是在外部叙说着斗争或者支配的故事，其本身也是斗争与支配的目的和手段，更是"人们意图篡取的力量/权力（pouvoir）"（OD：12，中：3）。

在确认了话语的这些特征之后，福柯在《话语的秩序》中提出了一种假说，即在所有社会中，为了能够驱除由话语所带来的恐惧或者不安，总是会对话语施加某些程序。也就是说，并不存在一个能够全面地准许话语自由增殖的社会，只存在着为话语施加某种拘束并使得话语呈现稀缺化（raréfaction）态势的各种体系。基于这一假说，福柯为我们展现了西方社会中各种为了排除、限制乃至占有话语而实际上发挥功能的程序。它们乃是为了对抗话语自身所孕育的力量/权力而发挥作用的权力，是为了控制话语的生产而运作的权力。福柯想要考察的对象，正是这种权力。

反转原则

因此，我们在话语考察的内部看到权力这一问题浮出水面。但是，有必要指出的是，福柯反复强调的是这些对话语进行干涉的程序所具有的否定性特征。同时福柯还说，不只是在排除或者限制这样的否定性行为中，实际上在指定作者、区分真伪等通常在话语生产过程中被认为是具有肯定性的行为中，我们也有必要看到其"对话语进行的切割和稀缺化这样的否定性作用"（OD：54，中：20）。换言之，我们实际上有必要将一般而言被认为对话语生产有促进意义的东西，重新把握为一种发挥着限制和拘束功能的东西。

在此，这一被福柯称作"反转原则"（principe de renversement）的主张，虽然清晰明确地谈到权力以多种方式围攻话语这一主题，但是，相较于福柯在70年代所进行的权力分析而言，却具有完全不同的特征。因为，在70年代的权力分析中，福柯的工作重心无疑是集中在分析权力的各种肯定性效果之上。

实际上，在1975年出版的《规训与惩罚》中，福柯的研究目标就在于将刑罚这一通常被认为是否定性的制度化机制重新纳入这一机制所可能引发的"一系列的肯定性效果"中进行考察（SP：28，中：25）。而在 1976 年的《认知的意志》中，福柯所提出的观点早已经和《话语的秩序》中的观点迥然不同了。在彼时的福柯看来，在考察与性相关的话语的生产时，我们不应该以压抑或无知、禁止或隐藏这种否定性事实作为出发点，而应该以"这些作为知识的生产者、话语的增殖者、快感的诱发者、权力的生成者的肯定性机制"作为研究的出发点（VS：98，中：71）。

在 1970 年的就职演讲中，福柯强调的是，我们有必要在话语生产这一肯定性现象背后探知各种对话语进行压抑的否定性作用。正如福柯在此后所说的那样，自己此时对话语和权力之间的联系的思考，还只是立足于传统的权力观之上（DE，n°197）。而 1975 年和 1976 年的两部作品则共同主张，在权力分析中，相较于否定性作用，我们更应该关注的是肯定性机制。于是，福柯亲自反转了自己在就职演讲中所提出的"反转原则"。

那么，这种第二次"反转"又是如何发生的呢？通过 70 年代前半期围绕刑罚制度展开的一系列研究，福柯渐渐摈弃了自己关于压抑和排除的思考，转而开始将权力当作一种产生话语和知识的东西来进行分析。

GIP 与公学院课程

以五月风暴为契机，当时法国的一系列监狱问题逐渐凸显了出来。而福柯对刑罚制度的关注，则首先体现在他对一系列与监狱问题相关的具体事务的参与中。1968 年 5 月，在巴黎发生了一系列以占领大学、街头游行示威为代表的激进社会改革运动。随后，这些社会运动逐步扩散到整个法国。许多社会活动家也在这个过程中遭到逮捕。后来，他们之中的一部分人被判有罪并身陷囹圄——也正是他们发起了要求改善监狱中犯人待遇的运动。而福柯自从在突尼斯经历了学生运动之后，就一直积极投身于社会抗争之中。面对这样的社会状况，他于 1971 年以收集监狱相关信息为目标，创设了"监狱信息小组"（GIP，Groupe d'Information sur les Prisons）。

作为对这些事务的配合，福柯展开了对新领域的研究。自 1971—1972 年度课程《刑事理论与刑事制度》以后的数年里，福柯在法兰西公学院一直都是将西方刑罚制度的历史作为其课程的主题。

不过，福柯最初的计划是将刑罚理论及制度重新置于压抑体系之中进行分析。正如 GIP 活动的初衷是被作为"阻止压迫被继续推行下去的斗争"一样（DE，n°91），福柯的公学院课程最初也聚焦于权力的否定性作用。

但是，伴随着研究的推进，福柯逐渐将关注点从权力所产生的压抑与排除等否定性作用转向了权力产生的肯定性效果。换言之，随着对惩罚形式的历史研究的推进，福柯渐渐从传统的权力观中抽离，转而开始分析权力的生产性特征。出版于 1975 年的《规训与惩罚》，正是这一新的研究进路的产物。

2. 监狱的诞生——《规训与惩罚》

从"主权权力"到"规训权力"

福柯在《规训与惩罚》中首先考察的是，自 18 世纪末起，西方社会的惩罚形式是如何由肉刑这样的酷刑转变为监禁的。

在过去，西方的刑罚制度是通过在公众面前对犯人的身体施加痛苦这样的方式来运作的。但是到了 18 世纪末，这套制度开始逐渐转变为通过监禁和矫正体系来发挥其惩罚功能。本来，这种转变的原因主要被解释为文明的胜利或人性的进步。人们一般认为，刑罚制度的这种转变象征着一种对生命与人权的尊重，合理而稳健的刑罚取代了暴虐、野蛮和不人道的刑罚。

但是，福柯却从一种完全不同的角度来说明这种刑罚制度的变化——他将这种变化置入与权力运作机制的历史变化的关系之中来进行分析。

在福柯看来，过去在人们面前上演的各种施加于身体之上的过度的暴力，其实并不单纯只是野蛮的象征，而是在当时的"主权权力"（pouvoir souverain）之中发挥着一种明确的功能①。

"主权权力"乃是在君主与臣民、主人与家臣这样非对称的力关系（rapports de force）之中发挥作用的权力。在这种权力形态中，法律乃是君主这位至高权力的掌握者的命令。因此，既然犯罪是对法律的违反，实际上也就意

———————————

① 需要特别说明的是，作者在此使用的表达是"君主权式的权力"（君主権の権力）。正如作者随后指出的那样，选择这一译语很明显更贴合旧制度时期法国典型的政治状况，即国王同时也是至高权力的掌握者，因此国王等于主权者。但是，"君主权式的权力"作为中文过于怪异，如果译为"君主权"却又可能使得读者产生这种权力类型仅仅存在于君主制之中的印象。因此，除了特定语境中会使用"至高权力"或者"君主权力"以外，我们主要还是使用更具一般性的"主权权力"这一表达。——译注

味着对君主的反叛。那么，对于这种作为反叛的犯罪而言，惩罚首先便表现为君主对反叛者的报复。在这种情况下，君主通过在公开场合下将比自己所受到的更大的损害加诸这些反叛者身上，来使受刑者和围观者都能直观感受到君主所拥有的这种压倒性力量。

对于当时的权力运作机制而言，最重要的正是通过这种盛大的仪式来展示自身的支配力，并由此定期确认和强化主从关系。因此，酷刑就是通过肉眼可见的方式，来修复受到犯罪行为损害的君主权力，巩固君主与臣属之间的不平等关系的仪式。

福柯指出，在 17 至 18 世纪左右，有一种与上述的"主权权力"完全不同的权力类型，逐渐开始在西方社会中得到发展与传播。这一被福柯称作"规训权力"（pouvoir disciplinaire）的新型权力，其表现形式不再是权力关系中的一方对其他方炫耀其支配力，而是通过对权力关系中的所有人进行一视同仁的监视与管理，来生产那些"驯顺而有用"的个体（SP：233，中：259）。对于这种新的权力形式而言，重要的不再是把一种非对称的力关系展现给众人并以此来维持和强化自身，而是在向每一个体倾注连续而细致的目光的同时，影响这些个体，进而规训

(discipliner) 这些个体。

这样一种"规训权力"逐渐覆盖整个社会,并在学校、军队、工厂等空间中不断精进各种旨在生产驯顺而有用之人的技术。与此同时,监禁这一手段也逐渐作为惩罚的理所当然的手段得到了急速扩张。其原因在于,监狱在作为剥夺个体自由的空间的同时,也是一个通过一系列连续手段来管理、监视乃至转变每一个监禁于其中的个体的空间。监狱与其他承担着"规训权力"之功能的设施一样,作为一种不断进行规训的场所得到重视,并因此得到扩张。

除此之外,福柯还指出,监狱还有更进一步的意义。监狱的监视与矫正体系,并不单纯只是作为诸多"规训制度"中的一个发挥作用,同时也是作为其他制度的模板发挥作用。最清晰明了地展露出监狱的这种典范作用的,正是被称作"全景敞视监狱"(panopticon)的建筑样式。

全景敞视监狱

英国哲学家杰里米·边沁(Jeremy Bentham)作为功利主义哲学的代表人物为人所熟知,也正是他构思了"全景敞视监狱"。这种监狱的结构乃是在整个建筑群的中心

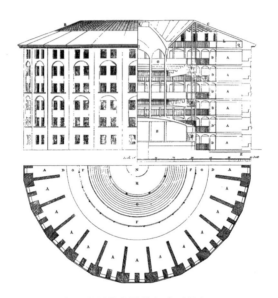

边沁绘制的全景敞视监狱构想图

设置一栋监视用的塔楼，而将关押受刑者的房间设置在环绕着塔楼周围的圆环状建筑物中。在这种建筑结构中，中央的塔楼可以一览无余地观察到所有的房间，与之相对，从每一个房间内都无法看到塔楼内部以及其他房间。如此一来，受刑者们就处于一种无法确知自己是否被谁盯着，甚至怀疑自己是不是一直被某人盯着的状态中。由此，受刑者在这种状态中，逐渐形成了自己总是被监视着的意识。通过这样一种能够做到"去看而不被看"（voir sans être vu）的体系，权力在去个体化（désindividualisation）的同时也得以自动化。既然人们无法知道到底是谁在监视，那么实际上，不管是谁来监视都无所谓。进一步而言，在最极端的状况下，就算实际上没有人在监视，也不会影响这一权力机制的运作。

正是因为全景敞视监狱能够使力关系自动而去个体地运作起来，所以，它便不再只是监狱这种特殊设施的专用模板，更获得了进一步一般化的可能性。换言之，基于这种建筑样式构建起来的针对个体的自动化监视体系，在其他任意一种规训设施中都可以发挥作用。不论是医院，还是工厂，抑或是学校，只要这一场所需要影响个体并对个体施加某种特定的行为模式，那么，全景敞视型建筑总是能够作为一种极为有效而经济的模板发挥其作用。

除此之外，全景敞视监狱还有另外一个值得关注的特征。这一设施在给每一个体施以某种行动上的制约的同时，也发挥了将个体"客体化/对象化"的功能。换言之，全景敞视监狱在对每一个体施加单独且细密的关注的同时，也能够作为生产关于每一个体的知识的体系发挥作用。而这一主题——权力运作机制与知识形成之间难以分离的联系——正是福柯在《规训与惩罚》中谈到的诸多主题中最重要的主题之一。

权力与知识

正如我们已经知道的，福柯指出，在"主权权力"中，只有掌控着支配力的个体能够夸耀自己的可见性。在这种权力类型中，有且只有这个具有压倒性威势的君主个体能够成为众人景仰的对象。

而与之相对的则是"规训权力"。"规训权力"这一权力关系不仅生产驯顺而有用的个体，同时，也使得那些在权力关系中处于下位（而非上位）的对象成为绵延不绝的目光所注视的对象。每一个体在这种权力关系中被观察、分类、记录与检查，进而完成"客体化"。由此，需要被规训的个体同时也被理解为需要被探知的客体。

实际上，长期以来，西方社会对于权力与知识的关系的主流认知乃是，知识只可能存在于权力不发挥作用的地方，或者说知识只可能在与命令、要求或利害无关的情况下才能得到发展。对于这种传统认知，福柯提出了明确异议。他主张道："权力制造知识"（SP：32，中：29）。通过分析"规训权力"的机制以及在这一权力类型中运作的全景敞视体系，福柯为我们展现出了个体是如何在一种权力形态中被作为知识客体的过程。

不过，福柯并不只是论述权力对知识的生产，他同时也指出，被生产出来的知识实际上也能够对权力发挥作用。换言之，福柯所强调的，乃是知识的形成与权力的增强这二者之间不间断的相互关系，乃是权力与知识互相包含的复杂关系。在这种相互且循环的过程中，知识形成了，权力也增强了。

如果说知识确实是被权力所构成的，如果说知识呼唤、强化了权力，那么，这个过程究竟是什么样的呢？我们能够在福柯对"轻罪犯"（délinquant）的分析中发现回答这一问题的线索①。因为，在福柯笔下，"轻罪犯"不仅在监狱中是一种产生知识的特殊客体，同时也被视作权力介入时发挥特殊功能的道具。

"轻罪犯"是一群什么样的人物呢？围绕"轻罪犯"产生的知识又是如何呼唤权力进行新的介入与干预的呢？

---

① 中译本将"轻罪犯"和"轻罪性"（délinquance）分别译作"过失犯"和"过失性状"。尽管亦无不可，但是"过失"这一表达过于强调轻罪中的过失犯罪这一类别，因此我们将其译作"轻罪犯"。而之所以选择"轻罪性"这一生硬的术语则是为了确保读者能始终把握这两个术语之间的联系。实际上，"轻罪性"一词更多指的是一种因为环境等原因而习惯性犯罪的倾向。——译注

通过对这一问题的讨论,我们将更好地把握《规训与惩罚》中所论述的权力与知识间的互相包含关系。

3. 身体的监狱——将自我紧缚于自身之中的权力

轻罪犯与轻罪性

首先,让我们来看看"轻罪犯"是什么样的人物。

监狱通过其全景敞视式监视机制不断形成有关每一个体的知识。在这一过程中,福柯发现,知识的客体层面上发生了某种置换。而在这种置换发生以后,问题的关键从确定某一个体是否真的就是那个犯下违法行为的人,转化为了确定这一个体究竟是什么样的人,过着什么样的生活,拥有什么样的冲动与本能这样的问题。对于犯人的提问从"你做了什么"转变为了"你是谁"。也就是说,围绕着某一个体,相较于其所确实犯下的罪行本身,真正为这一个体赋予特征的乃是其所蕴含的异常性(anormalité)、脱离常轨、危险、疾病等——正是这些性质成为真正值得关注的问题。

而由这些特征所共同决定的罪犯的个体性(individualité),便作为一种新的知识客体登场了。这种个体性负责在罪犯与其所犯罪行之间搭建起预先的联系，使罪犯这一潜在形象在犯罪行为发生以前就能够存在。而这种可以称为"罪犯的渺小灵魂"的个体性，则正是福柯所谓的"轻罪性"（SP：258，中：285）。"轻罪犯"，则正是与这种"轻罪性"被牢牢绑定在一起的群体，换言之，就是那群拥有着"轻罪性"的"灵魂"的人。

福柯随后指出，这样一种产生自权力技术之效果的"轻罪性"与"轻罪犯"，其实对于权力而言，是作为一种特殊目标或者说特殊的介入空间出现的。它们既是惩罚权力的产物，同时也是使这种权力得以运作的重要道具。那么，"轻罪性"与"轻罪犯"又是如何为这种生产出它们的权力提供介入它们的可能性的呢？或者说，此时权力究竟以一种什么样的方式进行干预与介入呢？我们可以在福柯对监狱的"成功"的论述中，发现这些问题的答案。

监狱的成功

正如我们已经看到的那样，作为"规训"机制重要环节的监狱，其目的在于将那些在监狱中的个体重新改造为驯顺而有用的个体。如果参照这一目标来评价监狱的话，那么我们完全可以说，监狱总是在不断"失败"的。这是因为就结果而言，监狱既没有降低犯罪率，也没能防止出狱再犯，其并未十分妥善地完成其作为矫正设施的目标。

但是，在福柯看来，监狱乃至一般意义上的惩罚，其实际目的与其说是使罪犯重新做人，打击、消灭违法行为，不如说是为了甄别可以被给予适度自由的人与需要施以拘束的人，区分那些需要加以排除降低危险性的人与那些具有有用性而应该加以利用的人。换言之，监狱的目标其实是通过将罪犯类别化，使得人们能够针对不同类型的罪犯采取相应的干预方式，最终实现更为顺畅而有效的管理与运营。

而为了实现这种管理与运营，便需要由异常性或者危险性（dangerosité）等要素所构成的"轻罪性"发挥其功能。实际上，如果说这种特殊的个体性确实能够用于甄别、区分各种不同类型的个体，那么我们也就等于拥有了可以用于决定何者有用、何者无用、何者无害、何者安全、何者应该加以束缚、何者应该赋予自由的基础。

因此，尽管监狱基本上无法真正地矫正犯人，但是它却仍旧能够得以存续，其原因就在于，监狱不断生产"轻罪性"，并将这种"轻罪性"作为一种可资利用的道具配置在了惩罚权力的一般战略之中。也正是在这一点上，监狱可以说是非常"成功"。对于试图包围、分类、管理、利用那些违法行为及犯罪者的权力而言,这种作为"罪犯的渺小灵魂"的"轻罪性",以及被紧紧束缚于这种性质之上的"轻罪犯",正是极为有效而趁手的道具。

在此,我们希望再次回顾一下"轻罪性"与"轻罪犯"之间的关系。如上所述,在福柯看来,惩罚体系生产出了"轻罪性"这一全新的知识客体,而"轻罪犯"则是作为被束缚于这种"轻罪性"之上的个体出现。只要个体还是和其"灵魂",或者说和作为其真理的"轻罪性"互相嵌套,那么,这种对于权力来说颇为可用的"轻罪犯"便总是会被再生产出来。因此,将个体与"轻罪性"互相绑定的权力作用,在知识与权力互相强化的机制中起到了将二者衔接起来的作用。

福柯在研究刑罚制度时的头号目标,恰恰是这种权力作用——我们能在《规训与惩罚》开篇处对"灵魂"的描述中清楚看到福柯的这一计划。在此,福柯一边论述惩罚权力产出"灵魂"并将个体闭锁在这一"灵魂"中的过程,一边表明为这一"灵魂"勾勒其谱系正是这项研究的目的所在。

灵魂与审判权力

在论述刑罚的目标随着其形式转变而发生变化时，福柯还谈到了"灵魂"的谱系学。福柯除了向读者指出，18世纪时人们提出了与其惩罚身体，更应该惩罚"灵魂"这一惩罚原则外，同时还向读者展示了这种目标的转变在司法制度中产生的三个结果。

首先，在审判中，除了罪犯的犯罪行为之外，罪犯的其他部分也成为审判的目标。这些犯下罪行之人的情感、本能、生活，乃至遗传影响等隐藏于行为背后同时却又能够对行为起到说明作用的部分也被纳入审判范围中。例如，我们可以从酌情量刑这一制度安排中清楚地看到，罪犯的"轻罪性"乃至其"灵魂"，确实有可能影响到法官的量刑判断。

其次，法官也被交付了新任务。原先，法官的工作乃是对犯罪事实进行确证，确定谁是犯人并对相应的犯人判处法律所规定的惩罚。如今，他们已经不能仅仅满足于完成这些工作了。他们还需要承担起确定犯罪为何会发生，罪犯是什么样的人，以及如何矫正这些罪犯等一系列新的任务。在审判中，犯人的"灵魂"有必要被展露出来。

　　而最后，法官以外的其他人，也开始承担起了一部分审判职能。例如，精神科医生通过回答嫌疑人是否危险、是否具有矫正的希望等问题，参与到了审判之中。而行刑设施中的官员，则拥有根据受刑人在矫正过程中的变化，来更改法官所判定的处罚判决的权限。各式各样"灵魂"与"轻罪性"的专家，都在决定如何进行惩罚的过程中扮着相应的角色。

　　在确认了"灵魂"如今已然成为司法体制的关心之所在后，福柯将对"近代灵魂与一种新的审判权力之间相互关系的历史"的研究设定为了《规训与惩罚》这部作品的目标（SP：27，中：24）。《规训与惩罚》的核心课题成为考察"灵魂"这一新惩罚对象的出现。围绕刑罚制度展开的历史考察就构成"近代'灵魂'的一种谱系学或一个片段"（SP：34，中：31）。

　　而在正式开始着手进行这一谱系学研究前，福柯提前向读者们指出，这样一种"灵魂"，不仅仅是在惩罚权力的影响之下不断地从"身体的周围、表面和内部"中被生产出来，与此同时，它也是使得权力与知识之间能够形成"权力关系造就了一种知识体系，知识则扩大和强化了这种权力的效果"这样一种相互关系的"齿轮"。正是通过将人的身体束缚到"灵魂"之上，监禁于"灵魂"之中，人成为使支配关系得以可能的零部件。"灵魂"发挥着如同"身体的监狱"一般的功能。也正因为如此，我们才能够在由监狱所代表的权力运作机制的核心部分中，定位到那种将人与其"灵魂"和真理相互绑定的权力的作用（SP：34，中：31-2）。

也恰恰是在这个意义上，我们可以看到，70年代的权力分析正是60年代"考古学"研究的直接继承与延伸。

权力与"人"

在此前的章节中我们已经看到了，以1966年出版的《词与物》为代表的60年代话语分析工作，就其整体而言，核心的关切点在以下几项。首先，考察人是如何作为至高的主体的同时又成为具有特权的客体；其次，考察真理是如何一面离人远去，一面又总是呼唤人的；最后，当这种真理的结构偷偷渗透到主体之中，使人的真理成为真理之真理时，"人是什么"这一问题又是如何被赋予无与伦比的特权地位的。总之，福柯整个60年代问题意识的核心在于考察人类主体与真理这二者之间在历史中形成了什么样的关系，并且，从这种关系出发，围绕着人，人们进行了什么样的研究。

　　在研究刑罚制度的历史的过程中，《规训与惩罚》再次触及这一问题意识。在权力运作机制中，福柯不仅考察了人是如何被建构为一种与自身"灵魂"、自身个体性——即自己所特有的真理——相绑定的主体的，也考察了这种主体与真理之间的关系是通过什么样的方式来对权力产生强化作用。贯穿 60 年代的主体与真理关系之间，如今以一种新的形式被提起。正如福柯自己清楚论述的那样，"灵魂"谱系学的任务之一，就在于考察各种人文科学的历史，考察它们与刑罚制度的历史之间"是否存在着共同的母体"（SP：28，中：25）。实际上，在追溯了惩罚权力的历史，并完成了对"轻罪性"及其效用的详细分析后，福柯在作品的结尾处写下了这样的断言——各式各样的人文科学之所以成为可能，其原因就在于这些科学是"通过一种特殊而新颖的权力样态带来的"（SP：312，中：350）。

　　如今，福柯将"人的出现"这一事件重新理解为新的权力关系的形成所带来的后果。由此，"灵魂"的谱系学从一个崭新的角度，为人类的可理解性（intelligibilité）是如何形成的这一问题提供了新的答案，而这一问题，也正是此前"考古学"研究中的核心问题。

　　我们确实可以说，福柯对权力这一主题的关切是来源于他对现实中一系列相关的事件的关切。但同时，这一主题实际上在话语分析之中就已登场。《规训与惩罚》之中的权力分析，则是从新的角度对过去"考古学"研究的继承与发展。在与权力运作机制的关联之中，"灵魂"的谱系学研究再次提出了人类主体如何与其自身真理所绑定这一问题。由此，福柯再一次指出，"人"的发明是一个重要事件——它不仅仅对我们的思想，也对我们的身体和行动施加了新的拘束。

第六章　性态的历史

——《性史》第一卷《认知的意志》

尽管许多历史学家对 1975 年的《规训与惩罚》保持沉默，而且一部分左翼也对其持谨慎态度，但是这部作品仍旧是大获成功。特别是福柯在这部作品中对酷刑场景的描写以及对全景敞视监狱机制的论述，此后更是得到了无数其他作者的欣赏与引用。

在翌年，福柯又有新的著述问世——这便是《性史》第一卷《认知的意志》。

虽然福柯处理的依旧是权力问题，但是这次，他不再以刑罚制度，而是以性态作为研究主题。《认知的意志》正是作为福柯计划围绕性态展开的一系列研究的总序论单独出版。这部作品与《规训与惩罚》一样，也引起了巨大的反响。也正是因为这部作品，福柯在女性主义群体和性解放运动中获得了狂热的欢迎，甚至还出现了将他视作圣人加以推崇的人。对于这部引起重大反响的作品，我们想按照以下顺序加以讨论。首先，我们希望理解这部作品试图对性展开一种什么样的研究。其次，我们希望展示福柯在这部作品里是如何继承并发展他在《规训与惩罚》中展开的权力分析主题的。

1. 性与话语——进行煽动的权力

研究性史的计划

首先，让我们来看一下 1976 年的这部作品是采用什么样的方法来分析性态史的。

正如迪迪埃·埃里蓬（Didier Eribon）在《米歇尔·福柯传》（*Michel Foucault*）中所指出的那样，我们应该注意到，《认知的意志》这部作品乃是诞生自福柯过去的研究计划与其所处的"现在"这二者的交错之中（MF：428，中：317）。

一方面，福柯实际上从很早以前就已经开始构思创作一部关于性的历史的研究。我们可以看到，在《古典时代疯狂史》的初版序文中，福柯已经提到了研究"性的禁令"（interdit sexuel）的历史的必要性（DE，n°4）。除此之外，他在《知识考古学》中同样对以性态为其核心的话语实践进行"考古学"描述的可能性进行过论述（AS：252，中：228）。进而，在《话语的秩序》中，福柯更是表明，未来自己将要对"影响性态话语的禁令"展开研究（OD：69，中：26）。由此我们可知，《性史》实际上乃是福柯为了完成自己多年以来的夙愿而写下的作品。

不过我们也应该注意到，福柯最初完全是在界限、分割、排除等具有否定性意涵的词语中构思这一主题的。但是，在《认知的意志》中，我们可以看到，福柯已经开始从一个截然相反的角度出发，对权力的肯定性机制进行思考。如前所述，这种转变诞生自福柯对惩罚形式及其历史变化的研究当中。正是在这一新思路中，福柯认为我们不应该再从压抑、禁止或者遮蔽等否定性视角，而应该从权力产生知识与话语这样一个肯定性视角来分析性态问题。

也正是从这一视角出发，我们可以看到福柯自身的研究兴趣与同时代对性问题的关注之间的交错。事实上，自五月风暴之后，解放这一意识形态逐渐壮大，同时，精神分析也到达其繁荣的顶峰。在这样一种环境中，性的问题在当时的法国成为重要的论争点。在这种环境下，论述性压抑并要求从这种压抑中解放出来的性解放话语不断地产生出来。在《认知的意志》中，福柯首先将这种对性的饶舌置于与权力的肯定性作用的关系之中加以讨论。

压抑假说

在福柯看来，人们在强调解除性压抑的重要性与实现性解放的必要性时，往往依托的是一种压抑假说。这种假说认为，虽然到 17 世纪初为止，欧洲人还能享有性自由，但是在此后，随着资本主义的发展，性逐渐被封锁进以夫妻为单位的家庭之中，仅仅被允许用于生殖，而与之相伴随的则是婚姻之外的性实践开始不断被批判，被禁止。

针对这一压抑假说，福柯重新进行了反思。他指出，尽管确实存在对性的禁止、压抑与排除，但我们为何会如此激烈地谴责这种性压抑，同时又如此执着于呼唤性解放呢？当我们将目光投向话语生产现象时，我们实际上看到的不是性压抑，而是数个世纪以来的对性的不断煽动。

在欧洲确实存在着某些与性有关的禁忌，同时也存在着对可以使用的语汇的甄别。但问题是，自 18 世纪以来，我们同样也能发现，围绕着性产生的话语，其数量也在飙升。在教育、医学、审判等权力运行的场域中，人们开始越来越多地言说、讨论性。总之，在许多不同场域内，从许多不同观点出发，我们都可以注意到，"性被'纳入话

语之中'（mise en discouurs）"这一过程被不断地煽动着
（VS：29，中：18）。

福柯指出，在这一性被"纳入话语之中"的过程中，
发挥最为核心作用的，正是数个世纪以来在西方社会中形
成的坦白（aveu）实践。

坦白

在福柯看来，至少自中世纪以来，坦白就成为西方社
会最主要的真理生产的手段之一。从最为日常的场景到最
为庄严的仪式，只要人们需要表明某种真理时，不论何种
场景，都需要进行坦白。西方社会对坦白的热爱可谓是无
与伦比。而在古往今来的各色坦白实践中，性则一直都是
一个被特殊关注的题材。例如，在天主教的告解传统中，
人们格外需要对与性相关的罪进行坦白。这种坦白实践，
在 18 世纪以后，变得更为多样化的同时，也在整个社会
之中大规模扩散。

在对性进行坦白的漫长历史之中，福柯指出，基督教
忏悔圣事的变化是一个重要的节点。特别是在反宗教改革
运动（Counter-Reformation）之后，当人们在对邪淫之罪
进行告解时，他们告解的重点开始从行为本身转移到了欲

望或者快感这些在行为之外诱发行为的东西。从此以后，努力将欲望和快感转化为语言，努力叙说自己的欲望与快感，便成为一个至高律令。自此，西方人便陷入了将任何与性相关的东西——不论是感觉还是想法——都和盘托出的"没有终止的饶舌"之中（VS：30，中：19）。

如此一来，我们能看到，自古代修道制度形成以来，性就开始被纳入话语之中，而到了17世纪，言说性则更是成为每一个好基督徒所应当遵循的规则。到了18世纪，这一过程则在更为广阔的社会空间中得到扩散。而这一过程之所以会发生，在福柯看来，原因在于其在近代权力与知识的相互关系之中得到了重新理解与强化。具体而言，这些讲述从内部支撑起个体行动的快感与欲望的话语，被各种政治、经济乃至技术性的关切所采用，并被关联到与肉体或生命相关的科学话语之中。在此，我们可以看到，通过让个体围绕着自己的性进行无穷无尽的言说来产生真理的"装置"（dispositif）的形成。福柯指出，正是通过这种装置，"性态"才能作为"性及其快感的真理"被生产出来（VS：91，中：66）。

那么，性态究竟是什么呢？它又是如何被各种煽动着性话语的"装置"生产出来的呢？它在权力关于性的战略之中，又占据了什么样的位置呢？为了回答这一系列问题，福柯在《认知的意志》中一方面重新提及他在《规训与惩罚》里对"规训权力"的分析，另一方面则对另一种新的权力形态展开分析。

2. 臣属化/主体化——作为臣属/主体之人的产生

"同性恋"的诞生

首先，让我们来看一下《认知的意志》是如何继承《规训与惩罚》中所进行的"规训权力"分析的。

在性的坦白与性态的生产中，首先关涉的便是个体化机制。坦白正是处于权力将个体构成为客体的个体化过程的核心区域之中。而性态则类似于权力分配给每一个体的个体性。换言之，在对新领域的研究中，福柯再次谈到了此前一年他在《规训与惩罚》中论述的，作为"规训权力"之效果的个体化机制。

通过福柯的描述，我们可以看到，"同性恋"（homosexualité）是如何作为一种倒错性态被确立下来的。同时，我们也可以看到基于这种性态所出现的"对个体的新说明"（VS：59，中：40）。我们由此可以发现，以坦白为中心，通过将性纳入话语之中从而生产出来的性态，实际上与监狱通过监视与观察而产生的"轻罪性"之间的类似特征。

福柯指出，在过去，同性之间的性行为仅仅是诸多被禁止的行为中的一种。但是，到了19世纪，同性性行为便开始被与驱使个体做出这种行为的"特殊本能"相联系。在这种联系的过程中，新的人物类型也开始登上历史舞台。这一人物的登场使得在人们能够开始考察作为"灵魂的阴阳同体"（hermaphrodisme de l'âme）的"同性恋"，这一从内部驱使同性性行为发生的性态。而拥有这一性态的人，即"同性恋者"（homosexuel），如今则开始成为"一个物种（espèce）"（VS：59，中：41）。

接下来，福柯清晰描述了这种性态是如何引起权力的干预与介入的。诚然，权力的扩张一方面使得性态得到了增殖，但另一方面，性态自身也作为一种"干预的空间"，使得权力能够得到扩张（VS：66，中：47）。

如果说，一旦被视作倒错的性态成为一种个体的特异本性乃至于其特殊的个体性，那么，围绕着这种性态所产生的知识，无疑会成为对这类个体进行识别与分类的基础，甚至于成为治疗、歧视、排除等一系列措施的理论依据。如此一来，性态就与"轻罪性"这一"罪犯渺小的灵魂"一样，既是权力带来的效果，同时也是权力的道具。

在《认知的意志》中我们可以看到，福柯以一种更清晰明确的方式谈论起他在研究惩罚权力时关注到的问题——正是将个体与其个体性相捆绑的权力效果在知识与权力之间发挥着衔接作用。

针对这种个体与性态的互相绑定，福柯指出，权力在生产出无数的性态，并将这些性态扩散到现实之中的各个角落的同时，也使得这些性态"进入身体的深处，潜入各种行为之中，使其成为分类和可理解性的原则，将其构成混乱的存在理由和自然秩序（raison d'être et ordre naturel du désordre）"（VS：60，中：42）。在此，我们可以注意到权力的双重效果。一方面，权力产出个体的本性与"灵魂"，并将这种本性或"灵魂"与个体的身体相嵌套；另一方面，权力在这个过程中也强化了其对个体的支配。福柯将这一双重效果称作"臣属化/主体化"（assujettissement）①。在权力运作机制中，个体总是"在'sujet'这一

---

① 这一术语（动词为 assujettir）如其字面所示，是"使……成为臣民""使……臣服"的意思，因此本身可直译为"征服""奴役"等词。但是正如接下来我们将看到的，福柯选择这一术语的关键就在于这一单词本身与主体/臣民的关联，因此，为了强调这一术语本身的双重含义，我们以将两种意思共同列出的方式来翻译这一术语。——译注

词的双重意义上"被构建为了"sujet"。个体首先总是被构建为一个拥有其固有本性与真理的主体（sujet），其次，也总是被构建为一个服膺于权威的臣民（sujet）。

其实，福柯在《规训与惩罚》中已经多次使用到"as-sujettissement"这一术语。但是当时福柯还未对其进行更精确的概念化，基本上只是在"臣属化"——支配关系中施加于个体之上的权力的一般作用——这一意义上使用这一术语。

到了1976年的《认知的意志》中，福柯开始在"对权威的臣从"与"对自身的个体性的隶属"这样一种双重臣属的意义上，即"臣属化/主体化"意义上使用这一术语。也正是通过这一概念，福柯在《认知的意志》中，将自己在《规训与惩罚》中描述的权力运作的核心效果以一种更清晰凝练的方式表达了出来。

接下来，从这种围绕着性展开的"臣属化/主体化"作用的分析出发，福柯对主体知识的历史形成以及抵抗权力这些问题进行了新的讨论。

主体的科学

首先，让我们来考察一下权力的"臣属化/主体化"

与主体知识的形成之间的关系。

在福柯看来，由性态装置所引发的"臣属化／主体化"效果，不仅能够形成各种基于自身性态而产生自我同一性的主体，同时，也可将他们作为研究这些主体之真理的出发点。既然性对于我们而言乃是最重要且最隐秘的东西，那么，性不就能够揭示隐藏在我们自身最深处的秘密吗？通过言说性，不就有可能说出我们的真理吗？

如此一来，关于人类主体的知识，特别是诸如主体之中的因果性、主体的无意识等一系列存在于主体之中，但是主体却不自知的知识，便在与性相关的话语之中被赋予了形态。"主体的科学"作为性问题的中心环节被人们反复叙说。正是因为性被认为是"在暗中掌握了我们的真理"，因此，性的真理被视作我们自身真理之真理（VS：102，中：75）。

正如我们在上一章中看到的那样，《规训与惩罚》中的"灵魂"谱系学研究，乃是将"人的出现"这一福柯在60年代关注的认识论事件置入权力分析的视域后得到的产物。同样地，在《认知的意志》中，性态装置对性真理的生产，则被认为与人类主体及其真理的关系相挂钩。不过，在此我们应该注意的是，在《认知的意志》中，福柯极为强调"主体的科学"中性问题无与伦比的特权地位。

在 60 年代的"考古学"研究中，福柯指出，人类学思想的特征就在于将人的真理视作真理之真理，乃至于是真理之灵魂。如今，福柯将这种人类主体的特权化，与性这一特殊问题的特权化相关联，并对二者关系展开新的思考。性真理为什么会成为人类真理之真理，乃至于人类灵魂之灵魂呢？在这一问题的指引下，福柯以性被不断纳入话语这一事件为中心，通过对性态装置的研究，重新构成了对人与真理之间关系的历史考察。

战术上的反转

接下来，让我们来考察一下对权力的抵抗问题。

在对刑罚制度以及性态装置的历史研究中，福柯指出了传统权力理论所包含的问题，同时也在寻找一种能够重新思考权力的方法。与这一思考相伴生的，便是福柯对抵抗问题的新探索。既然我们已经提出了对于权力的新理解，那么我们也有必要提出一种与传统抵抗学说不同的抵抗。

在福柯看来，权力关系并不是表现为支配与被支配、压抑与被压抑这样的对立，而应该将其理解为包含了这些二元对立在内的"多种多样的力关系（rapports de force）"（VS：121，中：89）。权力并非一种可以夺取或者被夺取的东西，而应该理解为一种错综复杂的战略性状况。在这个意义上，我们能说"权力无所不在"（VS：122，中：90）。而进一步我们可以说，对权力的抵抗，"绝不是外在于权力的"（VS：125-6，中：92）。

当然，福柯绝不是在主张说，我们总是受困于权力，违背权力毫无意义。相反，他强调的是，只要有权力的地方就会有抵抗，而且实际上权力关系之所以能够成立，抵抗本身就是必不可少的一个环节。

那么，我们应该如何具体地思考这样一种抵抗呢？如果说，抵抗不意味着逃离到权力之外，亦非从统治者那里夺取权力，那么对抗权力的斗争到底意味着什么呢？

围绕着抵抗在现实中所能采取的具体形态，福柯首先展示给我们的，乃是对那些既是权力之效果，也是权力之道具的话语进行战术性反转。通过这种反转，我们便有了将话语转化为抵抗的据点的可能性。换言之，我们可以通过将原本用于维持甚至强化权力的话语加以反转，从而使得这种话语服务于与其原先所处之战略完全相反的权力战略，由此削弱、妨碍这种权力关系的运行。如果说要举出这样一种抵抗方法的实际成果，那么，我们可以看一看与"同性恋"相关的性解放运动。

如前所述，福柯自 60 年代末以后便积极投身于各种社会斗争之中。以 GIP 运动为代表，他参加了包括反对种族歧视的集会和游行、支援西班牙和东欧的持异见者在内的各式各样的社会活动。但是另一方面，他对于性解放运动却始终保持一种消极态度。他并没有打算隐瞒自己的性取向，却也没有大张旗鼓地对此加以宣扬，而是始终与这些运动保持着一定距离。福柯本人的这种姿态，与那些将《认知的意志》视作圣经，将作者本人视作"圣人"的活动家的狂热之间，形成了非常鲜明的对比。

但是，这并不意味着福柯否定性解放运动。在《认知的意志》以及其他一些采访和对谈中，我们都能发现，福柯在话语的战术性反转这一层面上，对于这些运动的有效性给予了充分的肯定。

诚然，在 19 世纪，"同性恋"被确立为一种性倒错，由此，对于"同性恋"这一领域的社会化管理便不断推进。但是另一方面，那些被当作是"同性恋者"的群体，为了与这种管理相抗衡，也开始叙说自身的性态，并且开始主张自身性态的正当性与自然性。你们大可以将"同性恋"视作一种倒错，一种疾病。但是，如果说我们"同性恋者"确实是病人，那你们为什么还要谴责、藐视我们呢？正是通过将原先用于贬低自身性态的用语或者范畴加以肯定性转用，这种战术上的反转便得以实现（DE，n°358）。

只要我们将权力视作一种无处不在的力关系来理解，那么，任何解放运动都不可能逃往外在于权力关系的某个地方。但是，在这种力关系之中，人们可以通过将原先用于压抑或者管理的话语加以倒转，从而使其作为抵抗手段发挥作用。实际上，这种抵抗一直以来也都是存在的。在这个意义上，福柯认为，性解放运动确实在抵抗权力的斗争中发挥着重要的作用。

对"臣属化/主体化"的斗争

尽管一方面承认了这些解放运动的有效性，但是另一方面，福柯也非常明确地谈到了这些运动的界限所在。在他看来，我们在谈及"解放"这一主题时，一般而言需要抱有十足的警惕。这是因为，"解放"这一主题总是倾向于预设某种被压抑了、被遮蔽了或者说是被异化了的本性的存在（DE，n°356）。如前所示，福柯试图在《认知的意志》中阐明的,正是性态如何在权力运作机制中,被作为主体的"特异本性"构建起来的这一问题。因此,如果我们不审视这种构成性态的权力运作机制,而仅仅是将性态当作某种不言自明的前提,那么,解放运动将无法真正触及不断产生性态的装置分毫。

解放运动所进行的这种战术上的反转,尽管可以为改变某些局面打开突破口,但是却无法带来权力关系中的根本转变。因此,为了抵抗这种通过产生性态来发挥其效果的权力关系,我们有必要挑战性态装置本身。我们并非要将特定的性欲望从压抑中解放出来,而是要从被施加于自己之上的性态中将自己解放出来。我们应该彻底拒绝被束缚于某一性态中,彻底拒绝被闭锁于某种自我同一性中。总之,重要的是我们应当抗拒那种将个体束缚在某种真理或"灵魂"之中,并由此不断强化支配效果的"臣属化/主体化"权力。

我们可以看到,将性态这一概念从根本上问题化并对其进行批判性考察,正是《认知的意志》中福柯的理论目标。进一步,我们可以看到,写作《性史》这一行为本身就可谓是一种斗争。福柯关于性所说的话,本身就是对将个体束缚于性态之上的权力所展开的斗争,是对"臣属化/主体化"之战略的挑战。

　　保罗·韦纳（Paul Veyne）自巴黎高师时代就是福柯的朋友，同时也是法兰西公学院时代福柯的同僚。在他的评传性作品《福柯：其思其人》（Foucault，Sa pensée，sa personne）中，描绘出了一幅以笔为剑的武士（samouraï）肖像——福柯就如"一位燧石一般的武士，冷静而充满自信"（SPSP：69，中：84）。福柯不仅仅是一位立于街头的斗士，同时也是一位以自己的话语为武器投身于战斗之中的战士。

　　如果说，福柯的话语是为了与"臣属化/主体化"相对抗，是为了从被施加于自己的自我同一性中抽身，那么，我们无疑可以再次看到他一如既往地挣脱自我的姿态。

　　正如我们反复强调的那样，60年代的"考古学"研究无疑是福柯将自己从过去心仪的人类学思想中解放出来的努力。而这种与自我相脱离的姿态，在70年代的权力分析中，既表现为与传统权力观的诀别，同时又表现为一种在根本上与权力相对抗的方式。福柯的这种对保持同一状态的彻底拒绝，不仅是为了通过寻找新方法来重新开启思考的可能性，同时也是为了能够对权力的战略说"不"。

3. 生命权力——"令其生，任其死"

身体与"人口"

由此，通过上文的论述，我们已经知道，福柯在《认知的意志》中进一步深化了《规训与惩罚》里对"规训权力"展开的研究。而另一方面，福柯还对另外一种发展稍晚于"规训权力"的权力形态进行了论述。随后，他将这两种权力形态分别视为一种更具综合性的权力关系的两极，并指出，这一综合性权力的特征在于对人类的"生命"进行积极介入。

根据福柯在《认知的意志》中所做的分析，"主权权力"仅仅以消极的方式对人的生命施加影响。君主只会通过决定是否剥夺生命的方式，来行使自身所持有的对臣民生命的权利。换言之，"主权权力"这一权力只有在为生命画上休止符时才对生命进行介入。

而到了古典时代，一种与此不同的权力登场了。这种权力为了能够增强人所拥有的各种力量，对生命进行了积极的干预和介入，并且试图对每一个体的生命进行管理与运营。这种权力，正是福柯所谓的"生命权力"（bio-pouvoir）。在福柯看来，自 17 世纪以来，"生命权力"根据其行使的目标对象的不同，发展出了两种主要的形态。

其一便是以身体为目标的"规训"。通过监视和训练等方式，"规训权力"生产出了一具具驯顺而有用的身体，并且强行将这些身体所具有的力量整合进某种更有效的管理体系之中。福柯在《认知的意志》中开始将这种权力运作机制也视为对人的生命进行干预的一种形式。

而其二便是略晚于"规训权力"，于 18 世纪中叶形成的"调节"（régulation），或者说是"生命政治"（bio-politique）。在这种权力形态中，"人口"（population）而非具体的身体，成为其行使权力的目标。

"population"这一法语词通常指代的是居住于一定区域内的人的总体或者属于某一特定范畴的人的总体，进而也指代统计学调查中生物学意义上的个体群。基于这样的语义，福柯在受生物学法则支配的人类集团这一意义上使用"人口"这一概念。在"人口"概念中，问题的关键便是出生、繁衍、寿命、死亡率、健康水平等一系列"人类这一物种"（espèce humaine）所特有的现象①。由此，我们可以注意到，在以个体的身体为介入对象并寻求增强这些身体能力的"规训权力"的近旁，还有一种试图介入、管理"人口"的权力也得到了发展。

分别将以身体作为目标的"规训"和以"人口"作为目标的"调节"视作两极，一种以全面掌控众人之生命为目标的权力被组织起来了。在推行这种对生命的掌控的过程中，各种各样的技术与装置形成了。而性态装置，正是这些装置中最为重要之一。

性与生命

为了理解性态装置所占据的特权地位，我们首先必须理解性所起到的将"生命权力"的两种形态加以连接的作用。实际上，性一方面呼唤着权力对身体进行整体的监视，以及时间和空间上的统制；另一方面也是各种作用于"人口"的重大措施或者统计学调查发生的契机。不论是

---

① 包括法兰西公学院课程在内的诸多中文译本多将其译为"人类"或者"人种"。这些译法尽管并非错误，但是都未能强调这一概念所蕴含的自 18 世纪以来，"人类"在政治中的被生物学化的含义。因此尽管繁琐，我们还是将其译为"人类这一物种"。——译注

介入个体生命，还是介入种群生命，性都能够发挥切入点的效果。性既被当作是"规训的母体"，也被当作是"调节的原则"（VS：192，中：141）。

因此，对于从这样一种权力机制中产生出来的性态，我们应该同时注意到它所具有的这两方面特质。一方面是用于束缚个体的，作为欲望之真理的性态，而另一方面则是用于指示社会的政治能量及生物学活力的性态。拥有这种双重特征的性态，对于以管理生命为其核心要务的权力而言，自然具有特权地位。同时，我们亦可以在性态中，发现性话语爆发式增长的原因。

治理技艺

在区分了以身体为目标的"规训"和以"人口"为目标的"调节"以及"生命政治"以后，我们可以看到，70年代后半叶福柯的研究焦点集中在了后者之上。而与这一主题相关的研究，则主要分布于这一时间段法兰西公学院的课程之中。

首先是在 1975 至 1976 年度课程《必须保卫社会》（*Il faut défendre la société*）3 月 17 日的课程中，福柯引入了"人口""生命政治""生命权力"等一系列概念。随着

"人口"这一政治、科学乃至生物学问题的出现，权力的运行模式，开始由"令其死，任其生"（faire mourir et laisser vivre）这一"主权权力"的模式转变为了"令其生，任其死"（faire vivre et laisser mourir）这一"生命政治"的模式（DS：214，中：264）。从对这种转变的考察出发，福柯提出了种族主义的问题，并且围绕着纳粹主义、社会主义国家等具体问题，探索新的思考方法。

　　而在此之后，经过一年的学术休假，福柯在1977至1978年度课程《安全、领土与人口》（Sécurité, territoire, population）中，围绕着"人口"展开了全面的研究。在这一年的课程中，福柯着重考察了历史上，围绕着"人口"以及对"人口"进行"调节"这些问题而产生的政治知识的形成过程。而在这一考察过程中，"治理"（gouvernement）问题则进一步浮出水面。福柯指出，治理技艺（art du gouvernement/art de gouverner）是一种由牧羊人一般的治理者同时在整体和个别的层面上引导（conduire）人类群体的技艺。这种技艺在古代希伯来社会具有极大重要性，并且随着基督教传入西方世界。而从这种治理技艺中，逐渐诞生出了"国家理性"（raison d'État）这一国家治理所应当遵循的合理性原则。

在下一年度的课程《生命政治的诞生》（*Naissance de la biopolitique*）中，福柯承接上一年度的课程主题，对"自由主义"这一新的治理合理性原则及方法展开论述。福柯讨论了"自由主义"是如何出现并取代"国家理性"的。在"自由主义"的治理技艺中，重要的不是去进一步治理，而是如何能够不过度治理。与自由主义治理技艺相伴生的，则是治理为何是必要的这一问题。这一问题并不是在国家之中，而是在当时新近出现的"社会"之中被提出的。在论述了自由主义治理技艺后，福柯表明，自己会把"生命"和"人口"问题是如何在这种新的治理技术框架中被提出的这一议题作为今后的研究课题。

在《安全、领土与人口》的结尾处，福柯强调，施展于个体身体之上的微观权力与社会或者国家这样宏观层面上的权力之间"不存在断裂"，因此，"一种关于微观的权力，能够毫无困难地与诸如治理或者国家这样的问题相契合"（STP：366，中：476）。基于这一设想，福柯在70年代后半叶的课程中，专门围绕着"人口"与"生命政治"展开了研究。在福柯的研究生涯中，这一阶段研究的主要着眼点，不再是个体的"臣属化/主体化"这一微观权力主题，而是治理或者国家这种宏观问题。

　　总之，通过本章的梳理，我们看到了福柯借助《规训与惩罚》的研究成果，将性这一新的研究领域置于与新发现的权力形态的关联中加以考察。进而，从对个体进行介入的"规训权力"与对"人口"进行介入的"生命政治"这两极出发，他考察了性话语泛滥的原因。借由《认知的意志》中的一系列考察，我们似乎可以窥见《性史》系列研究的未来动向。同样，我们也可以将福柯在20世纪70年代后半叶的法兰西公学院课程，视作实现这一巨大的研究计划的环节。

　　但是，随着时间进入80年代，福柯的研究方向却发生了巨大的转变。他不再处理18世纪以来的权力运作机制问题，转而在完全不同的时代与完全不同的问题意识中展开了新的探索。如下一章所示，福柯将以一种与最初计划完全不同的方式重新写作《性史》。

第七章　自我实践

——《性史》第二至四卷及晚年研究

在上一章中我们看到，20世纪70年代后半叶，福柯以对"人口"进行"调节"的权力为焦点，推动着关于"生命权力"的研究。但是，在1979至1980年度的课程中，这一方面的研究却突然中断了，取而代之的则是新的探索。在题为"对活人的治理"（*Du gouvernement des vivants*）的课程中，福柯不再关注18世纪以来的权力运作机制，而是开始关注早期基督教的自我实践（pratique de soi）问题。

进一步，从1981年起，福柯开始不断将课程主题往更古老的罗马帝国时代乃至古希腊时代追溯。与这种研究方向的转变相伴随的，则是他对《性史》出版计划从根本上进行的修改。福柯不再将研究重点聚焦于18世纪以后西方社会中性态装置的形成，而是转向古代世界中自我与自我的关系这一问题域，并在这一问题域中考察性是如何被问题化的。由此，根据这一研究中心的转变，福柯对《性史》接下来的几卷内容进行了重新编排。结果，对"生命政治"与"治理"的考察因其研究中断而未能产生新的著作。1984年出版的《性史》第二、三卷，以及福柯去世三十多年后于2018年才得以出版的第四卷的内容，则都与当年他在《认知的意志》中所提示的方向大相径庭。

我们究竟应该如何理解80年代福柯在问题关系及研究领域上发生的这种根本转变呢？福柯又以自我实践为轴心，展开了什么新的探索呢？

1. 新的挣脱——绝不一成不变

若干事件

首先，福柯的研究为什么会从权力转向与自我的关系，从古典时代之后的西方转向了古代世界呢？

自1976年《性史》第一卷出版以后，直到1984年第二卷和第三卷出版，在这八年时间里，福柯经历了一系列的大事件。其中值得关注的，首先便是发端于1978年1月，并于1979年2月促成伊斯兰共和国成立的伊朗革命这一事件。1978 年，福柯接受意大利日报《晚邮报》（*Corriere della Sera*）的委托，两次作为调查记者奔赴德黑兰，并写下了数篇对伊朗革命抱持好感的报道。但是，随后在伊斯兰共和国发生的一系列惨剧，却使福柯遭遇了激烈的批判。其次，在法国国内，1981 年 5 月弗朗索瓦·密特朗（François Mitterrand）就任法兰西共和国第二十一任共和国总统①。尽管福柯最初支持密特朗政权，但是当法国政府决定不干涉 12 月在波兰发生的旨在镇压团结工会（Solidarity）罢工的戒严事件时，以福柯为代表的"左翼知识分子"同法国第一个社会党政权之间的关系便迅速恶化了。

除了这些世界大事以外，福柯自己身上也发生了一些值得记录的事件。首先是 1978 年 7 月在自家门口发生的交通事故。事后，福柯对友人克洛德·莫里亚克（Claude Mauriac）提到，自己在撞上汽车引擎盖的瞬间，都已经感到必死无疑了，从那以后，自己的人生也发生了改变。其次，福柯数次飞往美国。自 70 年代回到法国定居之后，

————————

① 自路易-拿破仑·波拿巴于第二共和国时期成为法国历史上的首任总统以来，密特朗为第二十一任总统。如果仅就第五共和国而言，密特朗为第四任总统。——译注

福柯便积极参加海外的学术活动，并曾经两度访日。在这一系列海外学术活动中，福柯自 1970 年起至 1983 年为止，在以美国加利福尼亚大学伯克利分校（University of California, Berkeley）为代表的众多研究机构中举办了研讨会和演讲。除此之外，他去了旧金山的同性恋浴场，还在死亡谷（Death Valley）尝试使用了致幻剂 LSD。总之，在美国，福柯获得了许多新的体验。

上述这些大小事件在福柯的生命之中或许拥有相当的重要性。这些事件很可能改变了他与世界，乃至与自身的关系。但是，为了理解福柯研究重心的转移，为了理解《性史》研究计划为何发生根本变化，在进行上述的推测之前，我们还是有必要倾听福柯自己关于这一变化的讲话。实际上，只要我们将他的这些话语与他晚年在公学院的课程以及《性史》后续三卷的内容互相参照考察，我们便会清楚地看到这一转变是为何发生，以及带来了什么样的结果。

欲望解释学

为什么福柯的性态研究会走上一条与最初设想截然不同的道路呢？我们可以在《性史》第二卷《快感的享用》

的序论处看到福柯自己对这一问题明确的说明。

据福柯所言，在研究个体接受自身是某种性态主体的方式时，他发现"欲望"以及"进行欲望的主体"（sujet désirant）这一主题被人们过为广泛地接纳了。换言之，人们承认自己乃是欲望主体（sujet du désir），并且对欲望进行解释，进而明晰自身的真理。不论是在各种古老的性理论中，还是在与这些古老理论背道而驰的思考中，都可以发现这样一种"欲望"以及"欲望主体"的主题。福柯强调，为了理解这样一种"欲望解释学"（herméneutique du désir）的谱系，我们不仅要回溯漫长的基督教传统，同时还必须追溯更为久远的时代。因此，在考察 18 世纪以来西方世界的性态经验之前，我们有必要"首先分析数个世纪以来西方人是如何被引导着去将自身认识为欲望主体的"（UP：12，中：4）。

在第一卷《认知的意志》中，福柯已经指明，近代西方社会不断将性纳入话语的实践活动继承自基督教的告解传统。在最初的研究计划中，福柯规划了对 16 世纪以来天主教的牧领神学（théologie pastorale）和忏悔圣事的研究，并希望以此作为权力分析的准备工作。但是，在新的研究中，福柯将研究的对象时间段从 16 世纪回溯到了更为古老的时代，开始关注、考察 2 至 5 世纪教父们的话语，以及古希腊罗马的哲学。

其实，福柯在更早以前就已经开始进行这种历史回溯了。在 1978 年 2 月进行的以牧领权力（pouvoir pastoral）为讨论重心的一系列课程中，福柯就已经触及 3 至 4 世纪的基督教文献了。也就是说，尽管《安全、领土与人口》仍旧是以权力作为问题核心，但是福柯在其中已经回溯到了比反宗教改革运动更古老的时代。

进入 20 世纪 80 年代以后，对于这一时期的历史研究逐渐成为福柯自己的研究重心。而他在研究的过程中，也逐渐发现各种新的问题。

如前所述，在《对活人的治理》中，福柯重新处理了一系列早期基督教的文献，并在随后数年的课程中，为了进一步考察与基督教有复杂关系的异教哲学，还逐步回溯到了罗马帝国时期，乃至古希腊时期。在这些考察中，权力与治理的主题也逐渐让位于"自我技术"这一主题——福柯开始关注在古代世界中，那些旨在对自己施加影响的自我技术是如何形成、发展乃至被改变的。

以其他方式思考

在《快感的享用》中福柯表明，虽然他感到有必要回溯"进行欲望的主体"的谱系，但是，这并不意味着当初所规划的研究计划已经不存在了。实际上，他可以"维持原来的计划不变，只是伴随着对欲望这一主题快速的历史考察"（UP：13，中：4）。

可是最终，福柯还是勇敢地选择了自己并不熟悉的新的研究领域，并且重新调整了整个计划。正如我们在前文中不断看到的那样，不论是60年代还是70年代，福柯的研究总体上都是围绕着18世纪末知识和权力的大变动展开的。因此，80年代的新选择，对于福柯而言，无疑伴随着巨大的危险。而驱使福柯不顾这种学术上的危险，使他转向新的研究方向的，无疑是"使得我们能够挣脱自我"并"以别的方式去思考和感知"的"好奇心"（UP：15，中：6）。

在这里，我们再次看到了福柯挣脱自我的努力。正是这一努力，在60年代驱使福柯通过"考古学"研究来脱离人类学思维。也正是这一努力，在70年代驱使福柯与传统的权力观相诀别，寻求新的与权力战略相对抗的方法。而到了 80 年代，同样是这一努力，促使福柯对他的研究计划进行了根本上的修改。为了将思想从思想自身之中解放，为了能够以其他方式进行思考，福柯甘冒风险，全身心地投入自己所不熟悉的领域中去了。

因此，在《快感的享用》开篇处，我们能看到，福柯并不打算继续对 18 世纪以来的性态装置进行研究，而是开始尝试描绘古代世界中"欲望解释学"的形成过程。那么，在这一围绕性展开的新的历史研究中，福柯又为我们带来了哪些成果呢？接下来，我们将围绕着福柯对性在古代文化中的问题化的描述，展开具体的论述。

2. 进行欲望的主体的谱系学——新《性史》

《性史》的再构成

首先需要说明的是，正如福柯的法兰西公学院课程的发展过程所表明，其《性史》后三卷的写作和出版，都经历了一些比较复杂的过程。

1976 年第一卷《认知的意志》出版后，福柯经历了研究重心的转移，为此，他重新确定了《性史》的出版计划。根据这一新计划，福柯将在第二卷里处理异教道德的问题，第三卷里处理早期基督教问题。正如公学院课程的内容顺序所表现的，福柯首先撰写的乃是题为《肉体的坦白》（*Les aveux de la chair*）的（原）第三卷内容，并于1982年将稿件交给了出版社。但是在这之后，伴随着福柯对古希腊罗马时期研究的深入，出版计划发生了新的变化。关注古希腊时期的《快感的享用》成为第二卷，关注罗马帝国时期的《自我的关心》（*Le souci de soi*）成为第三卷，而《肉体的坦白》则最终成为第四卷。在这三卷中，第二、三卷在1984年基本上是同时出版的，与之相对的，第四卷则因为当年福柯的去世导致校对工作未能完成。同时，因为福柯在遗愿中禁止作品于死后出版，所以第四卷在此后漫长的时间里一直都是未出版状态。直到近年，出版社终于在福柯作品版权所有者的许可下，对第四卷的手稿进行了编辑校对，并于2018年正式付梓。

接下来，就让我们来看一看经过各种修改和意外，最终得以问世的《性史》的内容。

在对古代世界进行研究进而勾勒"进行欲望的主体"的谱系时，福柯强调，从古希腊罗马时期到早期基督教时期的性规范实际上具有一定的连续性，但是将性这一主题问题化的方式却有着根本性的不同。

一般而言，关于古代的性伦理，人们会认为，古希腊人对性持有一种自由奔放的态度，而在公元 1 至 2 世纪的哲学家群体中，性有了更严格的节制，这种节制乃是未来基督教式性道德的提前准备。

福柯对此表达了异议。在他看来，首先，我们在古希腊时期就可以看到对性的严格要求。其次，在公元 1 世纪和 2 世纪，人们关于性的想法发生了重大转变。最后，基督教道德和异教哲学之间尽管有着形态上的相似性，但是内里却有着决定性差异。

因此，我们有必要以新的方式重新分析古代世界处理性问题的过程与方式。而这正是福柯在后三卷《性史》中按顺序推进的工作。同时，福柯也试图在这一考察中，发现那个能够被称作是"欲望主体"的东西是如何登场的。

生存美学

在第二卷《快感的享用》中，福柯首先通过分析当时人们对身体、婚姻、少年爱（pédérastie）等问题的看法，向我们指出，古希腊人并非全面、彻底地享有性活动的自由。相反，在性活动中，人们要求一定程度的节制。首先，当时的人们认为，进行性活动总是可能对身体产生一定的危险与牺牲，因此鼓励对性行为施加限制。其次，在婚姻中，我们也可以观察到，此时已经出现了要求杜绝除了夫妻性事以外的性快感的声音。而关于少年爱，我们则可以看到要求成年男性断绝与少年之间的肉体关系的主题出现。总之，对古希腊人来说，性其实已经具有了某种必须追问其应该如何使用的道德价值。

但是，福柯指出，我们不能简单地将在这里观察到的这些节制原则视作未来基督教性道德的某种早期版本，并过于急切地在二者之间建立起连续性。这是因为，在古希腊人那里，这些原则并非平等地施加于所有人，而是为那些希冀自己的生命成为一种美好艺术品的少数人所准备的原则，是为了让他们能够风格化（styliser）自身行为而提供的指南。换言之，在这里重要的是，成年的男性自由人如何通过战胜欲望与快感实现对自己的完美控制，进而有能力对他人行使支配力这一问题。

实际上，在古希腊人那里，避免过度的性行为指向的是对自己身体的关照；除了妻子以外不与其他人交媾，指向的是巩固对自己和妻子的支配；而在少年爱的关系中拒绝与少年发生肉体关系，则指向了对少年作为城邦男性公民这一未来地位的尊重，以及这种尊重所蕴含的崇高的精神价值。总之，对于希腊人而言，性方面的节制意味着通过自我控制来行使自己的自由，意味着践行一种"生存美学"（esthétique de l'existence）的过程（UP：326，中：281）。

那么，罗马帝国时期的哲学家们为这个问题带来了什么新内涵呢？他们对性的问题化，在何种意义上仍旧与基督教道德有着天壤之别呢？

专注自我

在第三卷《自我的关心》中，我们可以看到，公元 1 至 2 世纪的道德文本要求对性活动施以更为严格的节制。但是，福柯围绕着身体、婚姻和少年爱三个主题指出，这一要求并不只是对传统道德要求的强化，相反，在这种强化中发生了某些变化。同时，福柯还指出，这一变化之所以产生，其重要背景在于彼时以"关照自我"为中心的各种"生存技艺"（art de l'existence）的繁荣。

在上一节中我们提到，古希腊人之所以要求掌控自我，其原因在于掌控自我与掌控他人之间有着难以切断的联系。而到了罗马帝国时期，这种联系开始变得松弛，"关照自我"（souci de soi）这一原则开始获得了更广泛的传播。基于这一原则，与自我相关的诸多问题——自己的依附性与独立性、自己与他人的关系、自己对自己的管理、自己对自己完全的主权等——都开始变得极为重要。

在这种背景下，人们开始对性实践给予更多更积极的关注，同时也对于性愈发感到不安。人们对于性活动对身体造成的影响、在夫妻关系中的角色以及在与少年的关系中的利弊这些问题都产生了极大的关心，并进而感受到在自己与自己的关系中，性活动所蕴含的危险性，因此，人们开始要求对性活动保持更高的警惕，施加更严格的管理（SS：317，中：270-1）。

因此，性在罗马帝国时期的问题化，虽然一方面也继承了古希腊时期"生存美学"的要素，但是其在专注自我、关照自我这方面的坚持和贯彻，则构成了其与古希腊人根本性的不同。不过，若因此将其视作未来基督教性道德的萌芽，却同样不妥。这是因为，在罗马帝国时期，对于人们而言重要的仍旧是应该如何使用性快感这一问题，而非我们应该如何解读自身欲望的问题。换言之，对于人们而言重要的仍旧是采取某种实践的方式，而非去探索深藏于我们内部的秘密。不论是在罗马帝国时期还是古希腊时期，那种被我们称作是"欲望解释学"的东西，都是不存在的。

欲望与主体

因此，只有到了基督教道德中，对欲望的解读，而非对快感的使用才成为问题之所在。

不过，福柯指出，其实在最初的基督教中，同样也没有这种"欲望解释学"；在经历了2至5世纪的一系列变化之后，"欲望解释学"才出现。那么，这些变化是什么呢？这一问题，就是《性史》第四卷《肉体的坦白》所要回答的问题。

在福柯看来，3世纪末以后，修道制度的发展成为人们解释自身欲望的最初的契机。

教父约翰·卡西安（John Cassian）因将东方的修道制度引介到西方而闻名。在他的作品中，修道生活的根本之道在于服从（soumission）。换言之，修道士首先被要求使自己的意志完全服从于他人的意志。为什么要如此彻底地弃绝自己的意志呢？其原因在于，自我总是倾向于自欺。因此，人绝不可以完全依赖自己，并且必须时刻对自己保持不信任与警惕。

正是为了不被自己欺骗，修道士们必须不断地审察和坦白与自我相关的内容。修道士们不断地探索隐藏于自身幽深处的秘密，并将这些秘密转化为语言——如此一来，在修道制度下，这样一种漫无止境的解释学任务，便作为一种修炼的实践形成了。

既然这一任务是普遍且根本性的任务，那么很显然，在性被问题化时，这一任务也随即出现。在卡西安看来，相较于两性之间真正发生的性交，与性有关的罪恶对人的身体与灵魂的影响更为巨大。因此，对于修道士们而言，最首要的任务并不是节制自己不与他人发生被禁止的行为或者关系，而是要确保自己的意志不会受到那些向自己袭来的图像或者记忆等非意志的影响的诱惑，并且确保自身内部不会产生情欲。

如此一来，为了能将那些不断引诱意志的非意志冲动与意志相隔离，修道士们便需要对自身保持连续不断的警戒。他们需要不分昼夜地监视自己的身体与灵魂，必须鉴别那些试图引诱自己的敌人，并且将其驱逐。为了能够蠲除体内萌生的哪怕是最微小的欲望，修道士们被要求不断考察自我、检讨自我，不断把隐藏在自己最深处的东西转化为语言。

总之，卡西安将这些会令人产生情欲的非意志冲动，视作袭扰意志的他者和自身必须不断与之战斗的敌人，进而主张对自我进行解释学工作的必要性。而奥古斯丁（Augustine）则与卡西安不同。在奥古斯丁看来，情欲乃是主体结构的一部分。也恰恰正是这一看法，使得奥古斯丁开启了在欲望之中探索我们自身真理的道路。

奥古斯丁的性欲理论的出发点是对堕落以前人类性行为的圣经解释。

奥古斯丁指出，在伊甸园中，男女之间的性关系便已经是可能的了。只不过，彼时这种性关系完全能够由意志来掌控。男人的性器官就好像是我们播种的手一般。可是，伴随着亚当与夏娃犯下的原罪，一种不能为意志自由掌控的东西，一种非意志的东西便侵入到了人的身体与灵魂之中。而性行为也因此变成了如今我们应当感到羞耻的东西。

基于这一圣经解释，奥古斯丁指出，情欲，也就是力比多（libido），乃是作为人类违抗上帝意志的惩罚而被迫承担的、不受意志掌控的东西。但是，奥古斯丁这里的情欲与卡西安处的情欲不同。在奥古斯丁看来，情欲并非由意志外部侵袭意志的敌人们所引发的东西，恰恰相反，情欲产生自亚当与夏娃的"灵魂的冲动"——正是因为这种冲动，亚当和夏娃才执着于自身并背离了上帝（AC：341，中：376）。所以，情欲乃是从根源上就与人的意志不可分。

福柯指出，这种认识从根本上影响了西方世界对于性的思考。这是因为，情欲是使"灵魂变成一个主体"的东西，是无法与意志相分离的（AC：344，中：379）。由此，情欲与主体的结构从根本上产生了关联。性欲的真理变成了阐明人类主体的真理的线索。而解释自身之欲望，从自身之欲望中解读出自己的真理的可能性便被开启了。

总之，福柯在《性史》第四卷中，勾勒出了"欲望解释学"逐渐浮现的过程。一方面，欲望被理解为永远需要警戒与分析的对象，而另一方面，欲望与主体结构之间根源性的联系也被建立了起来。这一原先并不存在于基督教中的"欲望解释学"，经由教父们几个世纪的工作，最终成为基督教性道德的一部分。由此，新《性史》完成了它追溯欲望主体的生成谱系的任务。正是在这一谱系中，西方人将自己视作欲望主体，并通过不断叩问这一欲望来探明自身的真理。

3. 自我技术——晚年的法兰西公学院课程

关照自我与认识自我

福柯之所以要如此大跨度地回溯历史，其原因在于这一研究对于考察 18 世纪以后的西方性态经验是必要的。这意味着，福柯围绕着性所展开的历史研究，并没有因为完成了对"进行欲望的主体"之谱系的回溯而宣告终结。事实上，我们既可以在《肉体的坦白》中看到福柯提及他之后所打算进行的研究，也可以从 1983 年的某次采访中得知，福柯当时已经准备开始撰写一本关于 16 世纪性道德的作品（DE，n°326；中：144）。

但是，也正是在这次采访中，福柯说到，在考察从异教文化到基督教文化中性实践的历史变迁时，古代世界中的其他东西引发了他强烈的兴趣。这就是如今在他看来非常重要的"自我技术"的问题——而"性态问题非常无聊"（DE，n°326；中：141）。

其实，如果我们回头审视 80 年代福柯的法兰西公学院课程，我们确实能注意到，这一阶段，他开始逐渐与性问题保持距离，同时围绕着自我实践的历史变迁展开了研究。最终，直到去世为止，晚年的福柯都沉浸于古代世界之中，没有为了研究性的历史而离开那个时代。

在这项研究中，福柯的主要关注点乃是，因"认识你自己"（gnôthi seauton）这一箴言而广为人知的自我认识主题，与"关照你自己"（epimeleia heautou）这一福柯在古代世界中发现的重要主题之间的关系。

一般而言，德尔斐神庙的"认识你自己"这一箴言被视作延续至今的自我认识的尝试的起源。福柯指出，当他将这一箴言置于与古代自我技术的历史变迁的关系之中加以讨论时，他发现与之难以分离的乃是一个更为根本性的原则，即关照自己、关注自己的原则。他进一步指出，从古希腊时期到罗马帝国时期，再到早期基督教时期，关注自我并对自我施加影响这一主题与追问自我和真理的关系这一主题之间，实际上是有着非常紧密的联系，而且是共同变化的。最终，福柯表示，自己希望在对自我技术的历史考察中，勾勒这种变化。

1982 年，福柯在美国佛蒙特大学（University of Vermont）的演讲中，按照从古希腊到早期基督教的时代顺序简单总结了自己此前的工作。接下来，我们将参考这篇题为《自我技术》的英语演讲，对福柯在法兰西公学院课程中围绕相关主题展开的研究进行简要的回顾（DE，n°363；中：51-104）。

自我与真理

福柯首先通过分析柏拉图的对话《阿尔喀比亚德》来展现古希腊的"认识你自己"这一要求与"关照你自己"这一原则之间的关系。

在与即将开始其政治生活的年轻人阿尔喀比亚德的对话中，苏格拉底奉劝他说，如果想要对他人行使支配力，就需要好好关照自己。随后，苏格拉底在对话的展开中，逐渐将话题引向了什么是关照、应当被关照的自我指的是什么这些问题，并最终得出关照自我乃是去认识作为自我本性的灵魂这一结论。

不过，苏格拉底并非在主张，我们应当在"认识你自己"这一箴言的要求下，曝光那些隐藏在自己最深处的秘密。实际上，在柏拉图哲学中，把握灵魂的本质指的是重新回忆起灵魂曾经已经知道、掌握的那些事情。因此，问题的关键在于从记忆的深处重新唤醒那些灵魂在与诸神共处时业已获得的真理，因为这些真理在灵魂来到现实世界并进入身体时被忘却了。

在随后的罗马帝国时期，关照自我这一主题得到了进一步的普遍化和强化。在这一时期，自我进一步成为一种目的。换言之，此时人们关注、关心自我不再是因为关照自我是对他人行使支配力的条件，而是因为自我本身就值得我们去关注。

在这种对自我的"回返"中，主体与真理之间形成了新的关系。而其中，又以斯多亚学派为中心所产生的一系列实践最能体现这种新的关系。在他们看来，为了获得真理，我们便需要细心聆听师长的建言，并将由此获得的真理当作是我们自身行动的原则。进而，通过被称为"自我审察"（examen de soi）或者"良心审察"（examen de conscience）的方式，来每天反省自己是否确实遵照这些原则行动。

因此，真理不再是灵魂业已知道的、应当回忆起的东西，不是"主体的自我，不是他的本性、起源以及主体与超自然的亲缘关系"。这种对于完全掌控自我而言非常必要的真理首先是从自我外部获得的真理；其次，自我通过将这种真理同化，使其成为自己行动的准则。主体必须将真理与自己同化，并且每时每刻回想起这些"行动准则"，从而不断地将这些真理激活（DE，n°363；中：81）。

最后，正如我们已经知道的，在早期基督教中，随着修道制度的发展，人们被要求不断对自己展开解释学工作。尽管在此人们也被要求不断地进行"自我审察"，但是这里的"自我审察"，很明显已经不再是为了检查自己是否遵循那些从外部而来的真理。基于对自我根本上的不信任，早期基督教中的"自我审察"所要求的乃是人们对那些隐藏于自我最深处的真理持续的追缉。

由此可见，基督教中所要求的对自我的审察，其目的与斯多亚学派的审察目的大不相同。基督教的"自我审察"绝非为了进一步巩固对自我的掌控。相反，它是为了让人能够弃绝自我，进而能够服从他人。如果不能持续解读自己深处的真理，那么，人们就无法弃绝这一罪孽深重的真理，也不能达致绝对的服从。因此，在修道生活中，人们所采取的自我实践，实际上是一项永无止境的自我弃绝（renoncement du sujet à lui-même）的任务。

综上，我们可以看到，"关照自我"和"自我和真理的关系"这二者在古代世界中发生的一系列互相关联的变化。从古希腊时期的"关照自我是为了回忆起灵魂曾经知道的真理"，到罗马帝国时期的"通过学习真理，与真理同化，实现对自己更好的掌控"，再到早期基督教的"为了弃绝自我而不断解读自我所隐藏的秘密"——福柯 80 年代的工作为我们清楚呈现了这一系列变化。

在推进这项研究的过程中，福柯邂逅了一个概念。这一概念最初登场于 1981 至 1982 年度的公学院课程《主体解释学》（L'Herméneutique du sujet）中，并且在随后两年的课程《治理自我与他人》（Le Gouvernement de soi et des autres）和《说真话的勇气》（Le Courage de la vérité）中成为福柯的主要关注点。这一概念便是"直言"（parrêsia）。

直言

"parrêsia"这一希腊语单词指的是"直率地说话"这一活动。究其词源，则是指"把一切都说出来"这一活动。作为概念，其内涵从古希腊起到早期基督教为止，经历了非常大的变化。在 1984 年《说真话的勇气》的第一次课程中，福柯解释了自己为何会关注这一概念。

福柯在对言说自身之真理这一实践进行研究时意识到，这一实践需要那些侧耳倾听的他者的帮助才能成立。而为了能够让这一他者扮演这种辅助者或者说伙伴的角色，我们必须赋予这些他者以"一定的资格"，这种资格便是怀抱勇气，直率地说话（franc-parler），便是直言（CV：6-8，中：7-10）。

随后，福柯指出，对直言的分析不仅仅有助于研究古代的自我技术的变迁，同时也有助于我们现代人重新对一种传统展开反思。这一传统便是主体向他者讲述自身真理的实践。这一实践，在西方历史中，以告解者与告解神父、病人与精神分析师等形式得到了进一步的组织化与发展。换言之，研究直言和那些能够说真话的人，即直言者（parrèsiaste），有助于我们对这一漫长实践的历史及其史前史展开追问与反思。

正是因为直言的重要性，福柯在他最后的公学院课程中，展开了对直言概念的研究。福柯首先指出这一概念的早期变化——这一概念最初出现在政治实践的领域中，随后才开始与个体的伦理或者道德主体身份的构成相挂钩。随后，他在1984年3月的课程中花了大量时间与篇幅，对犬儒学派的直言进行了讨论。

说到犬儒学派，我们自然会想起那位在传说中身着破布、住在大桶中的第欧根尼。以他为象征，犬儒学派们过着遵从自然，藐视社会规范的"狗一样的生活"（kynikos bios）。福柯指出，犬儒学派乃是一群通过自己臭名昭著的

生活方式来直率地显露出真理的人。随后，他主张，对犬
儒学派的直言的分析有助于我们重新理解异教与基督教的
关系。

在福柯迄今为止所进行的关于自我技术的研究中，异
教与基督教二者之间的关系，主要表现为"自己对自己的
支配"与"弃绝自我"这两项原则之间根本性的对立。而
犬儒学派的直言，在此作为一种中间项，在这两种原则之
间充当了媒介的功能。这是因为，我们可以在犬儒主义中
同时看到希腊式的关照自我和基督教式的忍耐与禁欲。通
过对这一媒介的分析，我们能够更好地理解一方向另一方
的转变。

在完成了对犬儒学派的讨论后，福柯在 1984 年 3 月
28 日的最终课程中提到，自己接下来的研究将会尝试把基
督教的自我实践的出现与直言这一概念的语义变迁放在一
起讨论。以直言概念为线索，我们或许可以更好地追问从
古希腊到早期基督教这一阶段自我技术的变化问题。虽然
这一工作最后因为福柯的去世而中断，但是我们可以看
到，福柯在其生命的最后阶段，一直专注于考察古代世界
中自我与自我的关系问题。

70 年代后半叶到 80 年代所发生的一系列事件，或许

对福柯产生了某些影响，并为他提供了许多用以思考与行动的材料。不过，当我们参考了《性史》后三卷以及法兰西公学院课程的内容以后，我们有把握认为，从近代回到古代，从权力转向自我，这一研究方向的转变实际上在福柯的研究活动内部具有一定的必然性。正如他所言，他在80年代之所以要回溯历史，目的就在于搭建"进行欲望的主体"的谱系。因而，这一阶段展开的新的性史研究，正是关于这一谱系的谱系学考察。

但是，福柯晚年并未延续这一关于性的谱系学考察，取而代之的则是对古代世界的自我技术及其变化的关注。这无疑是因为福柯被"生存美学""关照自我"，乃至与"自我弃绝"相对立的"自我掌控"等一系列古代文化中的主题所深深吸引。不过，福柯对这些主题的分析，理应被定位于他的历史研究中，而不应该被视作为现代的我们所准备的新伦理。

福柯对历史的追问，作为一种为了让思想从思想自身之中解放出来的哲学努力，确实为我们提供了以别的方式理解现在的宝贵材料和道具，但是这绝不意味着过去的答案能够直接用于解答现在的问题，更不意味着福柯想要向我们推销这些过去的答案。福柯所说的"思想的自我批判",使他在根本上无缘于那种为我们提供价值规范或者行动指南的先知式任务。

正如福柯在《快感的享用》的序言中定义"好奇心"时曾经清楚说过的那样,"当哲学话语想要从外部向他人施加某些律法时,当它想告诉他人的真理在何处以及该如何找到这一真理时,或者当它抱持着一种天真的实证主义态度,同时试图教导人们时,哲学话语之中总是有某种可笑的东西"(UP:16,中:7)。

终章　主体与真理

　　为了说明福柯的哲学活动中，不断地挣脱自我和追求以另一种方式进行思考这两大特征，本书对福柯自 20 世纪 60 年代至 80 年代的著作进行了解读，并着重关注他研究中的两个方面。其一是通过历史研究不断问题化那些不证自明的事物，其二则是不停地转变其研究重心和内容。

　　首先，福柯对历史的追问，是通过重新追问那些被我们视作理所当然的事物，来为我们用新的方式思考这些问题创造可能性。这一方面在他的各种作品中都有清晰的体现。

　　基于这一特征，我们可以对其一生的工作进行一连串快速的总结。疯狂之所以被全面定义为一种精神疾病，主要是因为其与监禁制度的创设及解体这一社会事件的关系；基于病理解剖学产生的临床医学之所以最终能够成立，主要是因为可见性的形态以及死亡概念的演变；"人是什么"这一问题之所以能够获得无与伦比的特权地位，主要是因为西方的认识论布局发生了根本性的转变；刑罚方式之所以会发生从酷刑到监狱的转变，主要是因为权力形态发生了根本性的变化；性话语之所以会爆发式增殖，主要是因为在试图对生命进行介入的近代权力眼中，性乃是一个具有特权地位的对象；在自己的欲望之中解读自身真理的尝试，则可以在早期基督教教父们的话语变化中初见端倪。总之，福柯的历史研究将我们的"现在"作为一种差异呈现出来的同时，也为我们提供了重新进行思考的可能性。

其次，始终变化的研究重心和内容亦是他研究的重要侧面。

60 年代，福柯的"考古学"研究整体上可以表现为从50 年代的人类学思想中抽身的过程；到了 70 年代，他的研究重心开始从知识转换到权力，同时对权力的看法也从强调否定性侧面转为强调肯定性侧面；进入 80 年代，福柯更是受到那驱使他不断挣脱自我的"好奇心"的引导，回溯古代世界，对自我技术这一新主题展开研究。福柯的这种哲学性的历史研究，不仅为我们提供了重新思考"现在"的新方法，同时就其自身而言，就其不断采取新形态这一特征而言，也正是福柯不断挣脱自我、不断变化自我的哲学尝试本身。

通过对上述两个风格特征的考察，我们进而看到了贯穿福柯整个研究生涯的另一项特征，即矢志不渝地问题化主体与真理之间关系。

特别是在晚年的访谈中我们可以看到，福柯多次谈及主体才是自己一直以来最为关心的问题。实际上，问题化主体和真理之间的关系这一行为，对福柯而言，不仅始终引领他去挣脱自我，同时也是在刷新这一自我挣脱所具有的内涵。

首先，在60年代，福柯正是通过揭露人类学乃是主体与真理之间某种特定的关系，来尝试从过去的自我中脱离的。接下来，在70年代的权力分析中，福柯一方面将主体与真理关系中的"人类学枷锁"重新理解为权力的"臣属化/主体化"效果，另一方面又把挣脱这一枷锁的尝试理解为对权力的抵抗。最终，在80年代，为了能够重新追问主体与真理之间关系的问题，福柯不惜大幅回溯时代，对古代世界的自我实践展开考察。

1980年在纽约进行的演讲中，福柯指出，在第二次世界大战前，乃至之后的那几年里，法国以及欧洲大陆其他各国的哲学，都受到了试图将主体设定为一切知识基础的主体哲学的支配，为了能从这种支配中解脱出来，自己决定对这种近代主体展开谱系学研究（DE，n°295）。为了叩问那些被视作理所当然之物的自明性，为了能从自我同一性之中脱离，福柯的哲学活动，从最初便表现为从"主体的科学"之中挣脱的尝试。其后，这种问题化和尝试，一方面以各种不同形态内在于知识、权力、与自我的关系这三条主轴中，另一方面也不断引导、推动他整体的研究活动。

为了不再拥有自己的面孔，为了不再受缚于自我同一性，福柯的哲学总是在不断叩问、挑战那些现在被认为是一种"真"的东西，总是反复追问自己是如何与真理相联系的。而他自己，也总是甘冒危险不断变化，而不愿安居于自我之中。

对于那些希望在哲学之中探寻思考与行动不可动摇之原则或者坚实之指南的读者而言，福柯的作品恐怕只能引起多余的不安而无法回应他们的疑问。但是，还有另外一种读者，他们对那些试图将某种原则或指南加诸自身的话语感到不快，在这种话语的泛滥与增殖中感到了厌烦。对于这群读者而言，福柯也许是一位宝贵的作者，阅读福柯将会是一种既愉悦又困难的锻炼与实践。

与写作一样，阅读同样也能成为人挣脱自我的契机

——阅读之所以是一种无可取代的体验，并非因为它能够帮我们为已经知道的事情再添一笔，也不是因为阅读能够帮我们确证已经想过的问题。阅读之所以是一种无可取代的体验，乃是因为它能够为我们开启一个未知而炫目的世界，能够将我们卷入陌生的思考之中，在这个世界、这种思考中，我们将感到无尽的迷惘与困惑。而这种迷惘与困惑，正是福柯的作品不断带给我们的感受。

后　　记

　　就在我写作《福柯的话语》（『フーコーの言説』，筑摩选书，已出版）时——或者不如说就在我的写作停滞不前时，岩波新书邀请我撰写一本关于福柯的入门书。虽然在这种状态下接受新的工作多少让我觉得有些忐忑，但是也多亏了这份邀请，让我最终完成了两部作品——虽然它们都是面向普通读者，但是却各自发挥了不同的作用。

　　首先，《福柯的话语》是在我重新阅读福柯时写下的。这本书面向的是或多或少已经接触过福柯的作品和思想的读者。在福柯逝世三十多年后的今天，为了能够展现一种可能的福柯阅读线索，我在写作时，采用了更为正统的论文写作方式，并做好了引用，标记好了出处。

　　与此相对的则是读者手头的这本《米歇尔·福柯》。这本书面向的是那些打算开始阅读福柯的读者。我在这本书中采用的形式是以福柯的主要著作为中心，对福柯的所言所写进行简要的介绍，并辅以时代背景或者传记材料等有助于读者理解的信息。同时，我也在文末添加了参考文献和简略年表。希望这些工作能够为在福柯面前逡巡的读者提供一个前进的助力。

如果本书确实能够完成它的使命，那么首先便多亏了岩波书店的山中永基先生提出的诸多建议。在此，我想由衷地感谢他给予我的这次创作机会，还有他的诸多良言。

其次，我也要对每位曾经参加过，以及正在参加我的课堂和研讨会的良师益友们表示由衷的感谢。这二十多年来的几乎每一年，我都在思考如何通过实际的语言，让初次接触福柯的师友们能够对福柯产生兴趣，进而理解福柯。各位的陪伴与参与，都从根本上支持着这本小书的完成。

本书所承担的使命，终究只是为那些逡巡于福柯门前的读者提供一个入门的契机。因此，不管在什么意义上，这本小书都不是一个终点。当读罢这本小书后，还请诸位读者进入此门中，亲自聆听、阅读福柯的所言所文。

慎改康之

2019 年 8 月 21 日

简略年表

本年表主要基于福柯的《言与文》第一卷中达尼埃尔·德菲尔所作"年表"制作。

年份	福柯相关事件	同时代事件
1926	出生于普瓦捷。	
1945	巴黎高师入学考试落榜，进入巴黎的亨利四世中学，为下一年考试做准备。	第二次世界大战结束。 梅洛-庞蒂的《知觉现象学》出版。
1946	就读于巴黎高师。	萨特的《存在主义是一种人道主义》出版。
1947		梅洛-庞蒂任巴黎高师心理学辅导教师。
1948	获得哲学学士学位。 自杀未遂。	

续表

年份	福柯相关事件	同时代事件
1949	获得心理学学士学位。	梅洛-庞蒂就任索邦心理学教授。
1950	加入法国共产党。 再次自杀未遂。 哲学教师资格考试不合格。	
1951	哲学教师资格考试合格。 就任巴黎高师心理学辅导教师。	
1952	获得精神病理学文凭。 在里尔大学文学系任心理学助手。 退出法国共产党。	
1953	获得实验心理学文凭。	
1954	《精神疾病与人格》出版。 宾斯万格的《梦与实存》法译版出版（福柯参与翻译工作，并执笔序论）。	
1955	赴任瑞典乌普萨拉。	
1958	赴任波兰华沙。	

续表

年份	福柯相关事件	同时代事件
1959	赴任德国汉堡。	
1960	于克莱蒙费朗大学就任副教授。	
1961	凭借主论文《古典时代疯狂史》及副论文《康德的〈人类学〉》（序论、翻译、注解）获得博士学位。	
1962	《精神疾病与心理学》（对《精神疾病与人格》的全面改写）出版。	德勒兹《尼采与哲学》出版。 德里达翻译的胡塞尔《几何学起源》出版。 列维-斯特劳斯的《野性的思维》出版。
1963	《临床医学的诞生》出版。 《雷蒙·鲁塞尔》出版。	德里达发表了关于《古典时代疯狂史》的演讲。
1964	《古典时代疯狂史》精简版出版。 康德的《实用人类学》法译版出版。	梅洛-庞蒂《可见的与不可见的》出版。

续表

年份	福柯相关事件	同时代事件
1965		阿尔都塞《保卫马克思》出版。
1966	《词与物》出版。 在突尼斯大学担任访问学者。	拉康《文集》出版。 罗兰·巴特《批判与真实》出版。 《弓弧》杂志萨特特辑发行。
1967		德里达《书写与差异》出版。
1968	在突尼斯大学支援学生运动。 就任万塞讷实验大学中心哲学教授。	五月风暴爆发。
1969	参与万塞讷大学的纷争。 《知识考古学》出版。	
1970	初次访日。 就任法兰西公学院教授，举办就职课程。	
1971	创设 GIP。 《话语的秩序》出版。	

续表

年份	福柯相关事件	同时代事件
1972	《临床医学的诞生》第二版出版（进行大幅改写）。 《古典时代疯狂史》再版（删除序文，附加两篇论文）。 GIP 解散。	
1973	《我，里维耶，杀害了我的母亲、妹妹和弟弟》出版。 《这不是一只烟斗》出版。	
1975	《规训与惩罚》出版。 去加利福尼亚旅行，在死亡谷体验 LSD。 参与抗议西班牙佛朗哥体制的活动。	
1976	《性史》第一卷《认知的意志》出版。	
1977	参与支援德国律师克劳斯·克洛瓦桑（Klaus Croissant）的社会活动。	

续表

年份	福柯相关事件	同时代事件
1978	第二次访日。 在自宅前发生交通事故，住院数日。 访问德黑兰，回国后写下数篇报道。	伊朗革命爆发。
1979		伊朗伊斯兰共和国成立，大量反体制派遇害。
1981	参与支援越南船民的活动。 抗议弗朗索瓦·密特朗的社会党政府不介入波兰事件。	密特朗在大选中获胜，社会党组成政府。
1984	《性史》第二卷《快感的享用》、第三卷《自我的关心》出版。 在巴黎去世。	

术语表

概念（包括古典语言概念，均以使用者所使用的形式为准，除法国地名、机构使用法语外，其他使用英语）

存在 être

实存 existence

指号 Anzeichen/ indice

表达 Ausdruck/expression

丧失 perte

真理 vérité

先验 transcendantale

疯狂 folie

摆脱异化 désaliénation

现在 actualité

问题化 problématiser/ problématisation

自我技术 technique de soi

显性梦境 manifester Trauminhalt

存在主义 existentialisme

结构主义 structuralisme

退行 régression

防卫 défense

疾病世界 monde pathologique

人类学思想 pensée anthropologique

方法论怀疑 doute méthodique

先验幻相 illusion transcendantale

人类学幻相 illusion anthropologique

反思性退行 régression réflexive

词义转换 glissement de sens

此在 Dasein

人类学沉睡 sommeil anthropologique

疯狂本身 folie elle-même

悲剧结构 structure tragique

绝对的反辩证法 anti-dialectique absolue

实证主义 positivisme

症状 symptôme

病变 lésion

原发灶 foyer primitif

死化 mortification

深层 profondeur

不可见的可见性 l'invisible visibilité

垂直性 verticalité

厚度 épaisseur

经验目光 regard empirique

意识觉醒 prise de conscience

认识型 épistémè

相似 reseemblance

表象分析 analyse de la représentation

普遍语法 grammaire générale

博物学 histoire naturelle

财富分析 analyses des richesses

可述物 l'énonçable

屈折 flexion

有机构成 formation organique

模糊的垂直性 verticalité obscure

有限性分析 analytique de la finitude

人类学中心主义 anthropologisme

结构语言学 linguistique structurale

被说出的东西 chose dite

考古学 archéologie

档案 archive

普遍历史性 universalen Historizität

理性的普遍目的论 universalen Teleologie der Vernunft

历史先天性 historische a priori / a priori historique

再占有 réappropriation

幸福的实证主义者 positiviste heureux

思想体系史 Histoire des systèmes de pensée

稀缺化 raréfaction

监狱信息小组 Groupe d'Information sur les Prisons

主权权力 pouvoir souverain

规训权力 pouvoir disciplinaire

全景敞视监狱 panopticon

去个体化 désindividualisation

轻罪犯 délinquant

轻罪性 délinquance

异常性 anormalité

个体性 individualité

危险性 dangerosité

可理解性 intelligibilité

性态 sexualité

性的禁令 interdit sexuel

反宗教改革运动 Counter-Reformation

装置 dispositif

同性恋 homosexualité

灵魂的阴阳同体 hermaphrodisme de l'âme

同性恋者 homosexuel

物种 espèce

臣属化/主体化 assujettissement

力关系 rapports de force

生命权力 bio-pouvoir

调节 régulation

生命政治 bio-politique

人口 population

人类这一物种 espèce humaine

令其死，任其生 faire mourir et laisser vivre

令其生，任其死 faire vivre et laisser mourir

治理 gouvernement

治理技艺 art du gouvernement/art de gouverner

引导 conduire

国家理性 raison d'État

自我实践 pratique de soi

进行欲望的主体 sujet désirant

欲望主体 sujet du désir

欲望解释学 herméneutique du désir

牧领神学 théologie pastorale

牧领权力 pouvoir pastoral

少年爱 pédérastie

生存美学 esthétique de l'existence

生存技艺 art de l'existence

关照自我 souci de soi

服从 soumission

力比多 libido

认识你自己 gnôthi seauton

关照你自己 epimeleia heautou

自我审察 examen de soi

良心审察 examen de conscience

自我弃绝 renoncement du sujet à lui-même, self-renunciation

直言 parrêsia

直率地说话 franc-parler

直言者 parrèsiaste

狗一样的生活 kynikos bios

缩写及引用作品

DE：Dits et écrits 2001

AS：知识考古学 2021 L'archéologie du savoir 1969

VS：认知的意志 2022 La volonté de savoir 1976

UP：快感的享用 2022 L'usage des plaisirs 1984

MMPer：Maladie mentale et personnalité（Paris：PUF，1954）

HF：古典时代疯狂史 2016 Histoire de la folie à l'âge classique 1972

AK：Michel Foucault，"Introduction à l'anthropolpgie de Kant"，in Anthropologie d'un point de vue pragmatique précédé de Introduction à l'anthropolpgie de Kant（Paris：Vrin，2008）

NC：临床医学的诞生 2022 Naissance de la clinique（Paris：PUF，1963）

MC：词与物 2016 Les mots et les choses（Paris：Gallimard，1966）

EH：存在主义是一种人道主义 2012 L'Existentialisme est un humanisme（Paris：Nagel，1966）

PM：保卫马克思 2017 Pour Marx（Paris：Découverte，2005）

LE：蒙田随笔全集 第 1 卷 马振聘版 2008 Les Eassai（Paris：Arléa，2002）

KPM：康德与形而上学疑难 2018 Kant und das Problem der Metaphysik（Frankfurt：Vittorio Klostermann，1991）

ED：书写与差异 2001 L'écriture et la difference（Paris：Seuil，1967）

NP：尼采与哲学 2016 Nietzsche et la philosophie（Paris：PUF，1962）

VI：可见的与不可见的 2017 Le visible et l'invisible（Paris：Gallimard，1964 ）

PP：知觉现象学 2021 Phénoménologie de la perception（Paris：Gallimard，1945）

F：德勒兹论福柯 2006 Foucault（Paris：Minuit，

1986）

MCMF：Jean-Paul Sartre，"Jean-Paul Sartre répond" in Les mots et les choses de Michel Foucault：regards critiques 1966—1968（Paris：PUC，2009）

PS：野性思维 2006 La pensée sauvage（Paris：Plon，1962）

KEW：欧洲科学的危机与超越论的现象学 2017 Die Krisis der europäischen Wissenschaften und die transzendentale Phänomenologie（Hague：Martinus Nijhoff，1976）

DI：弗洛伊德与哲学 2017 De l'interprétation. Essai sur Freud（Paris：Seuil，1965）

OD：L'ordre du discours（Paris：Gallimard，1971）中文版收录于《语言与翻译的政治》，2001

SP：规训与惩罚 2012 Surveiller et punir（Paris：Gallimard，1975）

MF：米歇尔·福柯传 2017 Michel Foucault（Paris：Flammarion，2018）

SPSP：福柯：其思其人 2018 Foucault，Sa pensée，sa personne（Paris：Albin Michel，2008）

DS：必须保卫社会 2018 Il faut défendre la société（Paris：Gallimard/Seuil，1997）

STP：安全、领土与人口 2018 Sécurité，territoire，population（Paris：Gallimard/Seuil，2004）

AC：肉体的坦白 2021 Les aveux de la chair（Paris：Gallimard，2018）

SS：自我的关心 2022 Le souci de soi 1984

CV：说真话的勇气 Le courage de la vérité（Paris：Gallimard/Seuil，2009）

人名（有明确国籍可供定位的人以国籍语言标记，古代人物以英语标记）

勒内·笛卡尔 René Descartes

米歇尔·德·蒙田 Michel de Montaigne

伊曼纽尔·康德 Immanuel Kant

马丁·海德格尔 Martin Heidegger

莫里斯·布朗肖 Maurice Blanchot

罗兰·巴特 Roland Barthes

米歇尔·塞尔 Michel Serres

费尔南·布罗代尔 Fernand Braudel

让·拉辛 Jean Racine

德尼·狄德罗 Denis Diderot

米格尔·德·塞万提斯 Miguel de Cervantes

萨德侯爵 Marquis de Sade

乔治·巴塔耶 Georges Bataille

皮埃尔·克洛索夫斯基 Pierre Klossowski

迭戈·委拉斯开兹 Diego Velázquez

希耶罗尼米斯·博斯 Hiëronymus Bosch

老彼得·勃鲁盖尔 Pieter Bruegel de Oude

弗朗西斯科·戈雅 Francisco Goya

勒内·马格利特 René Magritte

爱德华·马奈 Édouard Manet

克劳德·列维-斯特劳斯 Claude Lévi-Strauss

雅克·拉康 Jacques Lacan

杰里米·边沁 Jeremy Bentham

迪迪埃·埃里蓬 Didier Eribon

保罗·韦纳 Paul Veyne

弗朗索瓦·密特朗 François Mitterrand

克洛德·莫里亚克 Claude Mauriac

约翰·卡西安 John Cassian，Ioannus Cassianus

奥古斯丁 Augustine

其余文本/材料

逻辑研究 Logische Untersuchungen

第一哲学沉思录 Méditations métaphysiques

实用人类学 Anthropologie in pragmatischer Hinsicht

纯粹理性批判 Kritik der reinen Vernunft

实践理性批判 Kritik der praktischen Vernunft

判断力批判 Kritik der Urteilskraft

逻辑学讲义 Logik：Ein Handbuch zu Vorlesungen

我的身体，这纸，这火 Mon corps, ce papier, ce feu

悲剧的诞生 Die Geburt der Tragödie

我是如何写出我的一些书的 Comment j'ai écrit certains de mes livres

宫娥 Las meninas

这不是一只烟斗 Ceci n'est pas une pipe

马奈的绘画 La pintura de Manet

批评与真实 Critique et vérité

文集 Écrits

弓弧 L'Arc

几何学的起源 Der Ursprung der Geometrie

生命政治的诞生 Naissance de la biopolitique

对活人的治理 Du gouvernement des vivants

晚邮报 Corriere della Sera

地名/机构名

高等师范学院 École normale supérieure

法兰西公学院 Collège de France

索邦 Sorbonne

普瓦捷 Poitiers

乌普萨拉 Uppsala

乌普萨拉大学 Uppsala University

突尼斯大学 Tunis University

万塞讷实验大学中心 Centre universitaire expérimental de Vincennes

团结工会 Solidarity

加利福尼亚大学伯克利分校 University of California, Berkeley

死亡谷 Death Valley

参考文献

1. フーコーの著作

『精神疾患とパーソナリティ』中山元訳，筑摩書房，1997 年。

『精神疾患と心理学』神谷美恵子訳，みすず書房，2016 年。

『狂気の歴史』田村俶訳，新潮社，1975 年。

『カントの人間学』王寺賢太訳，新潮社，2010 年。

『臨床医学の誕生』神谷美恵子訳，みすず書房，2011 年。

『レーモン・ルーセル』豊崎光一訳，法政大学出版局，1975 年。

『言葉と物』渡辺一民、佐々木明訳，新潮社，1974 年。

『知の考古学』慎改康之訳，河出書房新社，2012 年。

『言説の領界』慎改康之訳，河出書房新社，2014 年。

『監獄の誕生』田村俶訳，新潮社，1977 年。

『性の歴史』

　　　第 1 巻：『知への意志』渡辺守章訳，新潮社，1986 年。

　　　第 2 巻：『快楽の活用』田村俶訳，新潮社，1986 年。

　　　第 3 巻：『自己への配慮』田村俶訳，新潮社，1987 年。

　　　第 4 巻：*Les aveux de la chair*，Paris，Gallimard，2018.

『これはパイプではない』豊崎光一、清水正訳，哲学書房，1986 年。

『マネの絵画』阿部崇訳，筑摩書房，2019 年。

『ミシェル・フーコー思考集成』蓮實重彦、渡辺守章監修，筑摩書房，1998—2002 年（全 10 巻。本文中の（　）内には『思考集成』と略記し，続けて収録テクストに付された通し番号を記してある）。

『ミシェル・フーコー講義集成』廣瀬浩司、慎改康之他訳，筑摩書房，2002—（刊行中）。

2. その他の著作

アルチュセール，L. 『マルクスのために』河野健二他訳，平凡社，1994 年。

ヴェーヌ，P. 『フーコー その人その思想』慎改康之訳，筑摩書房，2010 年。

エリボン，D. 『ミシェル・フーコー伝』田村俶訳，新潮社，1991 年。

カント，I. 『純粋理性批判』（カント全集第 4—6 巻），有福孝岳、久呉高之訳，岩波書店，2001—2006 年。

——『実践理性批判；人倫の形而上学の基礎づけ』（カント全集第 7 巻），坂部恵他訳，岩波書店，2000 年。

——『判断力批判』（カント全集第 8—9 巻），牧野英二訳，岩波書店，1999—2000 年。

——『論理学；教育学』（カント全集第 17 巻），湯浅正彦他訳，岩波書店，2001 年。

サルトル，J.－P. 『実存主義とは何か』伊吹武彦他訳，人文書院，1996 年。

——『サルトルと構造主義』平井啓之訳，竹内書店，1968 年。

デカルト，R.『省察』山田弘明訳，筑摩書房，2006 年。

デリダ，J.『エクリチュールと差異』合田正人、谷口博史訳，法政大学出版局，2013 年。

ドゥルーズ，G.『ニーチェと哲学』江川隆男訳，河出書房新社，2008 年。

——『フーコー』宇野邦一訳，河出書房新社，2007 年。

ドッス，F.『構造主義の歴史』上巻，清水正、佐山一訳，国文社，1999 年。

——『構造主義の歴史』下巻，仲澤紀雄訳，国文社，1999 年。

ニーチェ，F. W.『悲劇の誕生；遺された著作1870—1872』（ニーチェ全集第 1 期第 1 巻），浅井真男、西尾幹二訳，白水社，1979 年。

ハイデガー，M.『存在と時間』高田珠樹訳，作品社，2013 年。

——『カントと形而上学の問題』（ハイデッガー全集第 3 巻），門脇卓爾、ハルトムート・ブフナー訳，創文社，2003 年。

ハルプリン，D.『聖フーコー』村山敏勝訳，太田出版，1997 年。

ビンスワンガー，L.『夢と実存』荻野恒一他訳，みすず書房，2001 年。

フッサール，E.『幾何学の起源新装版』田島節夫他訳，青土社，2014 年。

──『論理学研究 2』立松弘孝他訳，みすず書房，2015 年。

プラトン『アルキビアデス；クレイトポン』三嶋輝夫訳，講談社，2017 年。

ミラー，J.『ミシェル・フーコー 情熱と受苦』田村俶他訳，筑摩書房，1998 年。

メルロ＝ポンティ，M.『知覚の現象学』中島盛夫訳，法政大学出版局，2015 年。

──『見えるものと見えないもの』滝浦静雄、木田元訳，みすず書房，2017 年。

モンテーニュ，M. de『エセー』宮下志朗訳，白水社，2005─2016 年（全 7 巻）。

リクール，P.『フロイトを読む』久米博訳，新曜社，2005 年。

レヴィ＝ストロース，C. 『野生の思考』大橋保夫訳，みすず書房，1976 年。

レリス，M. 『レーモン・ルーセル 無垢な人』岡谷公二訳，ペヨトル工房，1991 年。